新手父母

情緒教養從小開始，

情緒控管力×挫折容忍力×社會溝通力up

小寶貝的情緒教養

暢銷增訂版

廖璽璸 / 著

台南市社團法人杏璞身心健康關懷協會理事長
諮商心理學碩士、資深小兒科醫師

目錄

PART 1 即刻救援：愈早開始情緒教養，孩子人格愈穩定

PART 2 先說硬體：了解腦科學的發展，從一開始就做對

PART 3 再說軟體：了解孩子的內在情緒，正確引導

PART 4 情緒拆彈：處理嬰兒情緒，不要硬碰硬

目錄

推薦序 1

協助幼兒成為3Q達人！

我很佩服好友廖璽璸醫師對情緒教養親職教育工作的使命感！她不只是位醫術精湛的資深小兒科醫師，更是位發現親子問題、解決親子問題，並深入兒心的親職教育家。她在從事小兒科醫師臨床工作二十年後，因深感兒童情緒困擾對兒童身心發展的顯著影響，為能了解兒童情緒困擾的有效療育與教養方法，她於美國西雅圖再進修諮商心理學碩士，並在當地的亞洲諮商輔導轉介中心參與親子情緒輔導工作；回國成立了社團法人杏璞身心健康關懷協會，大力推廣情緒教育，定期舉辦適合各年齡層的情緒教養課程，如「青少年家長情緒教室」、「嬰幼兒情緒教室」等，提供情緒智商教養技能的父母培訓工作。

身為臨床心理學家，我長期研究與協助防治各種心理與行為問題，發現很多人深受各種憂鬱焦慮的情緒困擾所苦，這些情緒困擾甚或衍生毒品使用、網路成癮以及自傷傷人等行為問題；而情緒困擾及行為問題常和個案的情緒調控能力有關。許多文獻已指出情緒調控能力的發展和先天腦部結構與功能、氣質以及後天幼兒時期的不安全依附的親子關係或父母不當教養方法有密切關係。

很興奮得知廖醫師再度執筆，完成新作《小寶貝的情緒教養增訂版》，看完文稿後，我很喜歡這本書，因它以流暢易懂文字，結合實例問題和科學證據說明腦結構與功能、氣質及後天幼兒時期的親子關係，或父母教養如何交互影響幼兒的各種情緒調控能力的發展，並具體指出父母可以如何做。我相信熟讀此書，新手父母更易協助幼兒發展成為IQ、EQ、SQ均高的3Q達人！

柯慧貞

亞洲大學副校長兼心理系講座教授、台灣臨床心理學會榮譽理事長、台灣心理學會前理事長、台灣網路成癮防治學會創會理事長

推薦序 2

父母最重要的育兒書籍

廖璽璸醫師是我任職馬偕醫院小兒科主任時的總住院醫師，當時她主要研究的領域是小兒腦神經學，後來出國進修兒童心理學的知識，結合這兩門專業延伸到兒童的情緒發展，正好切合現代父母的需求。

過去家長對小兒科醫師的提問，從幾十年前的各種疾病徵候，漸漸轉向兒童發展的各個領域，包括大動作、小動作、認知，及社會適應性發展；但是關於情緒發展的概念則剛剛起步。會有這種光譜式移動的原因很多，例如疫苗發展使各種傳染病減少、衛生知識傳播更迅速、生育數減少導致家長養育焦點變動等。至於為甚麼情緒發展會成為現代家庭關注的焦點，我們只要每天看看電視、翻翻報紙就不難知道，情緒失調導致的問題會由個人、家庭，一直擴散到整個社會。

近五十年的兒科醫師生涯，我治療過難以計數的困難疾病，但是我不知這些痊癒的病人未來是否能自信自立？是否能發揮對社會的貢獻？當中的一個重要因素是，是否擁有良好的情緒調節力？而這個能力的養成則有賴父母、學校及社會一起努力了！

廖醫師所寫的《小寶貝的情緒教養增訂版》一書，相信會對現代父母很有幫助。本書非常實際，從家長日常會有的問題中引出嬰幼兒常見的情緒問題，再用淺顯清楚的文字告訴家長，有什麼研究理論支持這些論述，最後告訴家長可以實際用的教養重點。

這本情緒教養書不僅可作為一般小兒科醫師或家醫科醫師的參考資料，當然更應該成為父母最重要的育兒書籍之一。

黃富源

前台灣兒科醫學會理事長、前衛生署副署長、前馬偕醫院副院長

再版序

心的起點——情緒教養開步走

時光飛逝，這本《小寶貝的情緒教養》竟已出版兩年多了。

這段時間裡，我接觸了近千名前來上情緒教養課程的家長與老師，因為孩子年齡層不同，我也把課程分為：嬰幼兒期、學齡兒童與青少年。

在屬於嬰幼兒期家長的情緒教養課裡，遊戲活動介紹包括：尋找嬰兒期情緒線索、情緒繪本閱讀，以及情緒教育活動設計等占了兩堂課，這在其他年齡層的課程中並不存在。

為什麼？理由很簡單。隨著孩子的年齡增加，語言能力越來越好，可以「用說的」，但是嬰幼兒期得「用做的」啊！於是我們設計一些親子活動可以讓家長與孩子一起「玩情緒」！

前來參加研習課程的父母往往有一些共同特質。例如：很希望成為好父母、很願意學習；但是相對的，對孩子的未來設定標準高、對自己的要求也高。因此，他們相當渴求知識與技巧，可是我經常提醒家長，知識是必要的，但是技巧不是；隨著知識增長、緊接著要建立自身教養價值，一旦有了自己的理念信仰，技巧根本不必學，方法自然源源不絕，日日時時都是情緒教養好時機。

因此在這一版中，我添上「正向情緒教養：日日都是學習好時機」這一篇文章，希望可以拋磚引玉，讓想要成為情緒輔導型的年輕父母可以有一些靈感，再由此出發，展開創意無限的親子情緒活動。

提供給大家的活動裡有一個重要的概念：每一刻都是好時機！只要加上幾個情緒詞彙，添入一點情緒元素於平日的對話與遊戲中就足矣！知道各種情緒教養理論，都比不上實實在在的認真運用。

希望經由這樣的提醒，家長們不必跪求「教案」，也不必「照書養」；而是心中信念有，作法自然來！

感謝新手父母出版社鼓勵，也謝謝杏璞身心關懷協會的講師群不停激盪進化，幫助我學習成長。

前言

培養自己成為父母的能力

曾經有一位爸爸在我的情緒教養課上發問：「目前市面上大部分的教養說法總讓我有一種低聲下氣、討好孩子的感覺。我也有脾氣，為什麼我需要對孩子示弱，我們需要這樣嗎？過去父母嚴加管教的那一套，我很適應、也順利長大了呀！為什麼現在孩子這麼難搞？有沒有可能『教養問題』是我們自己製造出來的？」

還有好幾位媽媽反應，學得愈多，罪惡感反而愈多。「我很願意也想知道更多育兒知識，可是知道與做到間的距離，簡直比地球到月球還遠！」

有些家長更直接，如果教養有這麼大的學問，那怎麼沒有專家寫一本「家長使用手冊」給家長照做呢？更有家長理直氣壯的反應，應付孩子已經夠辛苦了，成敗壓力更是巨大，能不能讓我們輕鬆一點，直接提供一個可以照表操課的「萬事OK育兒表」？

現代教養的確是一件吃力不討好、權輕責重、今又較古為甚之事。教養也從來不只是發生在你我屋頂下而已，它是一個「集大成」之事，不管你相不相信，教養實則與整個社會文化息息相關。

因為開設家長情緒教養課程，以協助家長成為「情緒輔導型的父母」，所以我經常可在課堂上感受到家長的焦慮。然而在此全球化時代，各種價值體系衝擊是必然的，坊間有許多以前我們想都沒想到的他國教養方針，諸如以色列、德國、荷蘭等，一一躍然於書架上，叫人既急又慌。因此家長會感覺要學的很多，深怕自己錯過什麼，東方還是西方、過去還是現代、理論還是應用，現代父母真難為呀！

現代的教養似乎是一種生存競爭，想讓孩子擁有快樂童年，卻又免不了要擔心沒上好學校前途堪慮，彷彿是一種親職比賽，家長若不夠進取，沒有吸收新知，就會使孩子輸在起跑點。雖然教養是一種時間、金錢與精力的重大投資行為，可是父母有需要把親子逼得連喘息的空間都沒有嗎？

其實沒有任何理論、學派可以取代父母實實在在與孩子在一起的價值，你們的陪伴無可取代，所以別拿著手機、IPDA 帶小孩，而忘了最重要的是「心在、人在」地一起玩；也不要人云亦云的將專家、親子部落客的「父母學」奉為圭臬，而忘了「將我心貼近你心」地去了解、同理自己的孩子！

早在成為父母之前，就要對孩子的生長發育有初步的認識，培養自己成為父母的能力，有自己的教養價值信念；成為父母之後，就放心做個園丁吧！從當父母開始就裝備自己、建立正確概念，才能耐心地陪伴孩子成長。

PART 1 即刻救援

愈早開始情緒教養，孩子人格愈穩定

嬰幼兒也能情緒教養
重視孩子的情緒，不要讓他在挫折中長大

案例

剛出「月子」關的媽媽，滿心歡喜的帶著滿月寶寶回家，開始全職媽媽的生活。剛出生的寶寶果真如過來人所言，安靜時就像天使，哭鬧時又如惡魔。因為是家中第一個寶貝，每回孩子一哭，全家就像爭奪百米冠軍賽般，急著前去安撫。

「寶寶屁屁濕了嗎？趕快來幫他換！」、「寶肚子餓了，快餵他喝ㄋㄟㄋㄟ！」全家忙著伺候小皇帝。畢竟全家人都沒有經驗，大夥聽到寶寶哭就心慌，只要聽到有人下達指令，就會反射性聽從。

但不久媽媽發現，白天大家七嘴八舌，但入夜之後，還是只能靠自己啊！所以她決定靜下心來，先辨識寶寶的訊號再行動。寶寶哭時先輕聲問：「你怎麼啦？剛喝過奶了，還想吃嗎？還是太亮了呢？」儘管家人覺得她和聽不懂人話的寶寶對話是多此一舉，但藉由跟孩子對話與觀察，媽媽逐漸了解孩子傳達的情緒訊號，並能大略摸索出寶寶的習性！

寶寶瞪大眼睛四處張望時，媽媽就會抱著她東瞧西看，滿足她的好奇心；當寶寶開始哼哼

啊啊時，就表示她有生理需求，可能是尿片濕了、餓了……。當寶寶的哭聲趨於尖銳時，媽媽就知道情況可能較特殊，需要盡快介入處理。很快的，全家人都覺得媽媽真是太神奇了，根本是寶寶的代言人啊！

＊＊＊

9個月大的寶寶爬過去拿起爸爸的手機，而手機在他不穩的手裡，看似即將摔落……爸爸急忙衝過去一把搶下手機：「哎喲！手機不能拿！不乖喔！」

爸爸拿回手機正在檢視時，一不注意寶寶又拿起桌上的原子筆往嘴裡塞……。「不行！這個也不行！萬一刺到怎麼辦？」又是一把搶下原子筆。

拿什麼都不行的寶寶，開始大哭大鬧，面對淚流滿面的寶貝，大人們是否能理解在樣樣不行的狀態中，孩子那充滿挫折與困惑的情緒？

＊＊＊

「快，幫我抓好寶寶的手！我要把藥灌下去了！」餵寶寶吃藥用灌的快速又有效！許多父母也都用一貫的方式來處理。跟2歲的孩子用說的、勸的都是白搭，直接動手最快！

說到底，孩子到底該長到多大，父母才需要尊重他們的感受呢？

訓練自己經常找線索，就能掌握孩子的情緒密碼

父母如果缺少對情緒教養的認識，就可能在教養孩子的過程中使出「強壓」的方式，但其實情緒教養在嬰幼兒階段絕對是可行的。

嬰幼兒的情緒調節進程，是由他調（完全倚賴外界），到共調（父母子女一起找出方法），再到自調（自己就可以處理情緒）。而情緒教養就是把握時機，教導並協助他們逐漸可以自己調節情緒。

父母可以經常訓練自己「找線索」並歸納。舉例來說，當寶寶哭泣時，試著這樣想，這個哭聲是代表環境太亮了？太吵了？不舒服？還是單純想聽聽媽媽的聲音？想媽媽抱？還是只要媽媽摸一摸就好？在歸納的過程中，雙方（父母與孩子）會逐漸明白這個哭的訊號涵義，以及有哪些方法可以協助安撫。透過這樣的方式，不只是父母更能掌握寶寶的需求，寶寶也學到了情緒是可以調節的。

父母對孩子的情緒訊號愈敏銳，寶寶的情緒張力就不至於太強，因為訊息已被了解便不必加重演出。也因為被父母了解，讓他有安全感，覺得一切都是可信賴的，如此一來，他的情緒系統（邊緣系統）就不會經常處於一種待爆發狀態，自我情緒調節也愈容易辦得到。

證據會說話　親子同調很重要

加州心理學家楚尼克（Dr. Edward Tronick）有一個名聞遐邇的撲克臉試驗（still face experiment），如果媽媽在跟孩子高興玩耍互動時，突然變成一張毫無表情的撲克臉，只要3分鐘，孩子就會開始不安。一開始他會想辦法要媽媽注意他，可是媽媽持續的撲克臉會讓他失望生氣，然後開始哭鬧甚至退縮絕望，即使是年幼的孩子，在他放棄以前，平均會試四種以上的方法試圖挽回媽媽。

這是一個非常生動的實驗，告訴我們「親子同調」（attunement）是一件多麼重要的事。因為這個實驗實在太有趣了，爾後有近百個實驗利用撲克臉來研究更小的寶寶（3個月大），也研究各個種族間有無差異性。結果告訴我們，從嬰幼兒期起，孩子就一直試圖與成人對頻，當頻率對不準時，孩子會相當挫折，此時他的情緒就處在一種「高喚起」的狀態，就像是一座隨時要爆發的活火山。

爸媽可以這樣做

情緒教育從嬰兒期就開始，有一個重要的理由：嬰幼兒期是深耕與內化情緒教育的操兵演練期，而且不會很複雜，若能養成習慣，以後的教養就容易多了。父母可以依照下面提及的方法舉一反三，將「情緒教養」價值放入親子生活中，自然而然你就能找到方法。

嬰兒期 此階段無法構思、反省、計畫，因此營造平靜的學習環境是重點

1. 保持平和的情緒

不失控的父母就是展示最佳自制力的模範；反之，經常大驚小怪的父母就是在演出「失控」的樣本。小心嬰幼兒透過鏡像神經元在學你！心情愈平靜的父母，意味著孩子處在愈沒有壓力的環境，在孩子前額葉發展未成熟的此時，這種環境將使他比較沒有機會「演練失控」，大腦也就沒有機會記住這種壞路徑（嬰幼兒期有最佳神經可塑性，會記住習得的神經傳導路徑）。

這裡特別要提醒，有些父母會因心浮氣躁，以致搖晃嬰兒，甚至造成孩子身心不可逆的傷害。這是為人父母一定要警惕的事。

2. 創造規律的生活

規律的生活可使嬰幼兒知道世界的運轉是有組織性、可預期的，因而較易有安全感。明白當周遭環境有變動時，「回到正常」是一件可預期的事，如此一來，孩子較會自我安撫，因為知道有穩固的結構可期待。例如：餓了就暫時吸吮手指，不會大聲啼哭，因為等一下媽媽一定會餵他。這些經驗將幫助他們更願意忍受挫折，而忍受挫折正是情緒調節的極致表現。

3. 實實在在了解孩子

父母可以把自己想成「柯南」，仔細觀察孩子的先天氣質。氣質上屬於難帶的「帶刺」寶寶，自制力會比較差些，但如果可以找出孩子的情緒「觸發點」，像是肚子太餓、太吵、太亮等，避免它或是提前模擬教導，都可以防止失控。

像上述玩手機的案例，父母應該為孩子充沛的好奇心感到高興，因為孩子想要探索是非常難能可貴的，不妨遞上一個可以取代手機的玩具，同時說，「寶寶這個給你玩，手機不是玩具喔！」讓孩子學習接受「替代品」，同時也理解到，不是所有的物品都可以玩，但也不會無端被剝奪，如此他就能以平常心接受改變，並尋求替代方案，而這也就是情緒調節的意義。

4. 傳授控制情緒的小技巧

將奶嘴放在他身邊，心浮氣躁時自己可以藉著吸吮奶嘴平靜下來，就是最簡單的情緒教養技巧之一。以此類推，家長也可以提供簡單、小巧的填充玩具，讓他需要時抱著較有安全感；或在他學會說話前，教些簡單的手語（碰觸嘴巴表示要吃等），讓他能自主表達、展現操控力、降低挫折感。

5. 悄悄加入「等待」的配方

大一點的孩子可以利用玩遊戲來協助他們學會「等待」或「忍耐」；小一點的孩子則可以運用各種巧思：例如在餵奶前唱一首快樂的歌再餵；孩子哭時先出聲安慰，而不是急著衝過去抱等。一點一滴將「等待」元素加入相處過程中，這種訓練可降低情緒火山爆發的機率。

幼兒期 開始有了自我認識及擴大對環境規則的了解

1. 上述嬰兒期的策略仍須持續

2.協助用正確語彙表達情緒

幼兒期與青春期差不多，都屬於情緒火山期，但因為幼兒期不懂得表達，更是難纏。此時如果父母在他們開始學說話時，就把情緒字眼加進去，孩子就能因為被了解，而讓火山冷卻。例如，「媽媽不讓你吃第二塊餅乾，所以你好生氣，哭得很大聲喔！很想再吃一塊。」孩子感覺被同理，才能冷靜接受。情緒教養的目標應該是希望孩子未來可以透過口語表達需求：「媽媽，我想再吃一塊。」而不是以大哭大鬧傳達意見。

3.玩些創意的衝動控制遊戲

「123木頭人」就是最經典的遊戲。在「不許動」的口令中，孩子得壓抑自己的興奮，忍耐衝出去的衝動。

「紅燈停、綠燈走」的遊戲則適合幼兒。媽媽可以自製紅綠燈卡片藏在背後，舉綠牌可以走，一看到紅牌就要停，然後互換角色，一定可以玩得全家樂呵呵。也可以用擊鼓來代替紅綠燈，這些衝動控制遊戲可幫助孩子練習自制力，而自制力與情緒調節是一體兩面的事。

4. 模擬遊戲

成人可以藉著親子共讀（如情緒繪本）與遊戲（扮家家酒、指偶或布偶遊戲、深呼吸遊戲等）來教導孩子情緒表達的方式、情緒失控時的處理，以及如何解決問題。例如：進行深呼吸遊戲時，大家都躺下，在肚子上擺一隻紙船，深呼吸時使肚子上升與下降，接著告訴孩子生氣時可以這麼做，可幫助自己冷靜；或者藉討論繪本裡每一個角色對情緒的處理，一點一滴引導孩子調節情緒；或也可以讓孩子參與計畫規劃並一起等待，例如：「再等兩天，我們要去麥當勞，接著要到外婆家喔！興不興奮呢？你有想要跟外婆說的話嗎？」在這些事前計畫與等候計畫實現中，孩子可能會經歷各式情緒，最後體驗等待後的甜美果實。

5. 讓孩子有選擇權

回到案例中的灌藥事件，父母平時可用故事繪本來進行生病與治療的機會教育，到了真正需要的時候，告訴孩子：「我們一起來喝藥打敗細菌吧！」若是寶寶還是不願意吃藥，可以給他一個選擇的機會：「你要媽媽餵，還是爸爸餵？」、「要現在吃藥，還是5分鐘後再吃？」試著從不滿意的狀態裡做出可接受的選擇，降低挫折感，這也是情緒教養的好例子。若是父母堅持使用強逼灌藥的方式，孩子接收到的訊息便會是，自己真是一個微不足道的個體啊！大人會用體格的優勢來壓制他，弱小的自己不值得重視；或者他也可能學到將來要用更大強度的哭鬧來達成目的，這都不是我們想要的。

情緒教養重點

- 平靜的父母是情緒教養最重要的介質。
- 嬰幼兒期的概念深耕，是情緒教養的操兵演練期。
- 嬰幼兒期的情緒教養始於平靜與敏銳的父母。
- 嬰幼兒的情緒調節進程是由他調到共調，再到自調。
- 嬰幼兒期情緒教養的最高目標是自調，活動設計可加入等待、忍耐等元素。

教養叮嚀 發現了嗎？情緒教養從出生就可以開始喔！

你的情緒反應我在看
父母是孩子情緒的鏡子

案例

你一定看過很愛大驚小怪的父母吧！

以前對這種父母，你可能嗤之以鼻，但當你成為父母時，你就會不知不覺成了別人眼中那個愛大驚小怪的緊張父母。你可能曾經有過這樣的經驗，當孩子從滑梯溜下來時，你緊張得張開雙臂迎接，沒想到孩子卻一溜煙閃過「熊抱」，急著想再溜一次……。難道你看不出來孩子其實信心十足嗎？

許多父母即使在十分安全的環境裡，仍然會亦步亦趨跟在孩子身後，雙手打開、身體彎曲，好像隨時準備「接球」一般，當孩子一跌倒，還沒來得及哭甚至是起身，就立即衝過去，急著問，有沒有受傷？痛嗎？

另一種常見情景是，當孩子一碰觸任何可能翻倒的東西時，父母就馬上出聲制止，不可以摸！表情及聲調在旁人看來都十分戲劇化。

在兒科門診，這類家長更多。當然這是天性，看到孩子生病父母很難不擔憂。不過有一類的家長，誇張到可以早上、下午、晚上都帶孩子來看診，其實此時孩子需要的，應該是父母的照顧與陪伴，大驚小怪反倒會嚇著孩子，對生病孩子的體力恢復並沒有好處。

＊　＊　＊

曾經有媽媽與我分享她的育兒經驗。她是那種標準的老大照書養、老二照豬養的父母，也因此養出個性天差地遠的兩個小兄弟。帶老大時因為沒經驗，成天緊張兮兮，又怕危險發生，經常限制老大的探險行動；到了生老二時因為已經明白很多事沒那麼嚴重，於是便放寬標準，給孩子許多嘗試的機會。

結果造就出兩種不同性格的小孩。老大是一個小心翼翼、不輕易嘗試的孩子；而老二則像個探險家，他們之間的互動，經常上演的是哥哥拉弟弟、弟弟推哥哥的戲碼，雖然我們不知道這兩個小孩遺傳到父母什麼樣的基因，但孩子一大部分的性格絕對是從父母的態度「演變而來」的，這點可說是無庸置疑。

幼兒從解讀成人的表情、聲調與語言學習情緒表達

許多證據告訴我們，孩子是經由周遭大人的情緒反應來決定自己的下一步！這種學習的經過也許我們可用閱讀或看電視、看電影來做比擬；這是嬰幼兒期學習看待世界的重要機轉，我們稱作「**社會參照力**」。例如一個愛看韓劇的人，即使從來沒談過戀愛，卻能從情節中經歷他人的喜怒哀樂，當以後遇到類似的事情，則可能會以戲劇裡學到的做法來處理。

閱讀也是如此。人短暫的一生中不可能經歷所有事情，或到訪所有世界名勝，所以我們需要尋找書中的哲理，或由他人的心得與感想來豐富我們的能力與反應。

幼兒就是從成人的表情、聲調與語言當中來學習將來遇事時的處理方式，這與透過讀書、看電影的學習方式並無差別。

證據會說話　**幼小的孩子已經會解讀大人的情緒**

有一種原是設計用來了解人類的知覺發展的視覺懸崖測驗（visual cliff test），後來也被其他心理學家拿來研究嬰幼兒如何經由觀察母親的表情線索，來決定自己的下一步動作。

實驗是這樣進行的：在一個透明有深度的大箱子內布置出高低端，因為上面是透明玻璃板，所以寶寶爬行到中段時，會產生視覺上的懸崖感，好像要從高處跌下去。因為嬰幼兒已經發展出這種判斷視差的感覺能力，所以當他們爬行到中段時，會本能地停下來。如果此時，在終點等著的媽媽露出笑容、發出鼓勵的語言聲調，那寶寶會克服恐懼，繼續爬過去。相反地，如果媽媽面露恐慌、發出禁止的聲調，孩子則會轉身爬回原點。

實驗過程中，他們還將媽媽表情細分為：快樂、感興趣，害怕、生氣與悲傷。結果孩子果然因媽媽的不同表情而有不同表現。害怕表情組，最後沒有一個寶寶爬過去；生氣組有九成不過去；快樂與感興趣表情組則有七成五以上爬過去。另外那些媽媽表現出悲傷表情組的寶寶，因為搞不懂媽媽的意思，最後大約有三成爬過去。實驗結果發現，幼小的孩子已經會解讀大人的情緒，而且正確率之高，絲毫不遜於成人。

美國華盛頓大學的心理學家也做了一個同樣有趣的實驗。當寶寶跟測試者玩珠鍊，玩的正高興時進來了一位女士。雖然女士背對著孩子，可是她發出輕蔑的責備語：「為什麼要玩這些東西？真是討厭啊！」簡短的幾句話卻足以使孩子停止手中的遊戲、頭兒下垂、目光不敢直視，彷彿現在所做的遊戲的確非常不堪。如果沒有直接觀察的錄影研究，還真不敢相信，短短幾句話的威力如此巨大。你怎能不注意呢？

爸媽可以這樣做

1. 經常問自己，「這是我想要的結果嗎？」

「社會參照力」加廣、加深了嬰幼兒的所見所聞，而這也正是嬰幼兒期情緒發展的重要元素。父母親不妨問問自己，你的反應帶來的結果是你希望的嗎？你希望孩子因為你的大驚小怪而小心翼翼不再嘗試嗎？你希望孩子因為你的責罵而規規矩矩但卻失去自信嗎？

年紀愈小的孩子，對父母的正向反應愈強，例如父母快樂的笑聲比斥責聲來得吸引寶寶；但隨著年紀漸長，逐漸變成負向反應較強，此時孩子比較會聚焦在生氣怒罵聲。這從演化的角度來看也說得通，畢竟負向線索能幫助我們躲過危險，讓存活率得以上升，因為父母的斥喝或生氣多半是希望孩子安全。因此專家特別提醒父母要注意負向反應，因為以寶寶的參照力來說，會漸漸地比正向更為強大。

孩子仰賴父母的保護，當負向的線索很強時，孩子就會認為大人在暗示著他要閃避眼前的事物，這本來是重要且必要的事，怎會變成問題呢？關鍵就出在父母的尺度拿捏。

孩子伸手去拿熱水杯、開門後衝出去、在牆上畫畫、在公園盡情奔跑、跟附近小貓小狗玩、拒絕吃紅蘿蔔泥、不吃藥、撕壞哥哥的課本、打破杯子、與人見面不打招呼……，這種種看似不符合期望的行為，卻是孩子探索世界之必要。有智慧的父母對孩子行為的反應要冷靜，而不是大驚小怪，因為你的反應都將烙印在孩子的腦子裡。若父母經常大呼小叫，孩子又怎麼能成為情緒的掌控者呢？

2. 盡早有情緒教養概念

父母應盡早有情緒教養概念，你的反應他都看在眼裡、記在腦裡、學在心裡，一切都會成為他的EQ元素。著名的EQ學者丹尼爾・柯洛曼（Daniel Goleman）說，情緒智商（EQ）很早就發展了，就在與父母、老師或與其他人的每一個互動經驗中誕生，所以每一個經驗都很重要。

情緒教養重點

♕ 左看右看，大人的情緒反應我在看喔！這種社會參照能力6～9個月間就發展了。

♕ 看著你的反應，孩子將據此作為前進或退後的參考。所以問問自己希望孩子朝哪個方向發展？

♕ 孩子對父母負向情緒反應的參照力比正向強，所以動不動就發脾氣的父母對孩子影響很大。

♕ 社會參照力也可以應用在分離焦慮、陌生人焦慮上。當父母表現得愈自然鎮靜，孩子不焦慮的機會就愈大。

♕ 社會參照力也會在孩子觀察你如何與他人相處中產生，所以應避免大聲的與人發生爭執，這也有助於嬰幼兒情緒調節發展。

教養叮嚀 你發現了嗎？我們其實就是孩子情緒表達的參考指標。所以希望孩子情緒調節好，我們自己就要先做到，孩子才能做得到。

頻率請對準
認清孩子給的訊號再回應

案例

3個月大的小圓開始會笑了！那天親友一起來拜訪，小圓正值吃飽、睡飽之際，媽媽還暗自慶幸大家來得正是時候，今天應該會有個完美的聚會。

好一陣子，小圓在大家手中傳來遞去，不久後她開始發出哼哼啊啊的聲音，甚至還別開臉，不怎麼理睬大人。大家只顧著逗弄小圓，沒注意到她的情緒，直到她嚎啕大哭，媽媽才趕緊接手，卻怎麼也安撫不下來……

＊　＊　＊

9個月大、坐在餐椅上的安安，正抓著碗裡的小餅乾往地上丟，還不時抬起頭來看著爸爸，笑得很開懷。爸爸見狀，一派輕鬆地走過去：「安安吃得差不多了嗎？想玩了嗎？但是餅乾不是用來丟的喔！來，我們來丟這個。」

當爸爸抱起安安時，阿嬤正巧從樓上走下來，看到滿地的餅乾，大驚失色地說：「唉唷！怎麼丟的到處都是！」於是安安睜大眼睛看著兩人，面露困惑……

＊　＊　＊

3歲的蓓蓓在客廳高興的玩著小汽車，媽媽看著書，狀態極為和平。突然間媽媽卻跳了起來……

「糟糕，姊姊要下課了！寶寶乖，我們要出門接姊姊了！」

蓓蓓愣了一下，隨即抗議：「不要！我還要玩！」

媽媽不管蓓蓓的抗議，急著幫她穿鞋。此時蓓蓓情緒失控大哭大叫：「不要！不要！我不要！」

於是媽媽使出最後一招，抱起四肢劇烈舞動的蓓蓓，直接走出大門……

在開口說話前，寶寶就已經開始在跟父母溝通了

寶寶即使還不會説話，但他們已經會用許多方式來傳達情緒了，只是大人常因沒有仔細觀察，而錯失了孩子給我們的行為暗示。

以上述的例子來説，仔細想想，其實孩子在大哭前都已經給了大人訊號，但父母往往沒注意到，依舊只照自己的想法做事，壓根兒沒想過孩子也有情緒訊號。

（案例1）小圓不喜歡大人的「過度刺激」，所以用別開臉來發出「不跟你們玩了」的訊號，只是大家過於興奮，更加逗弄，終至弄巧成拙。

（案例2）安安吃夠了，想要玩的訊號被爸爸發現了，此時爸爸引導他玩其他遊戲是對的，但卻碰巧被阿嬤下樓時以滿地都是餅乾的「結果論」來回應，忽視了安安的訊號。

（案例3）蓓蓓媽媽如果提早觀察到孩子正完全沉醉在遊戲裡的情緒反應，並做好「冷卻」準備，就不會一發不可收拾。

所以，不是孩子愛哭愛鬧，是你沒有認清孩子給的訊號，孩子哭鬧的背後其實是隱藏著許多沒有被了解的因素。

證據會說話 **嬰兒在開口說話前就已經在「表達」了**

根據統計，母親往往比父親早好幾個月就能分辨寶寶的情緒，而這與母親用較多時間在觀察、照顧孩子有關。因此我們可以說，母親的觀察經常是比較敏銳的，因為母親投入的時間較父親多。換句話說，「認真投入」可幫助父母了解嬰幼兒情緒。

美國凡得比特大學（Vanderbilt University）有一個早期社會情緒教育學習中心，就提出幾個建議（請參見「爸媽可以這樣做」）來幫助家長辨識孩子的情緒。父母在觀察孩子這些訊號時應先有知識然後加上耐心，如此一來，只要稍加注意就可以成為敏銳的父母，會更清楚孩子需要什麼？想要什麼？

爸媽可以這樣做

1. 留心辨識孩子的情緒訊號

能辨識孩子的情緒訊號就是具情緒教養概念的敏銳的父母，其特性有：1.注意寶寶的訊號（**交談**）、2.不會讓寶寶等太久（**關心**）、3.做出適當的回應（**介入**）。

0 到 1 歲情諸訊號

聲音	以哭聲為主。但飢餓、尿片濕、肚子痛、睡不著……等等，表現出的音高、強度均不同，應可仔細辨識
語言	近 1 歲時，會有些特定地「類語言」出來
表情	挫折、厭煩、感興趣、好奇、愉悅、快樂、悲傷、生氣等表情都有了，仔細分辨應不難
眼神	定睛可能表示好奇；轉頭別開眼神接觸，也許是因過度刺激而需要休息
姿勢	會靠近你或玩具；也會丟棄玩具、要人抱、拒絕別人靠近等等

1 到 2 歲情諸訊號

聲音	哭聲、笑聲意義更清楚
語言	語言發展神速，也許音不準但聽得懂許多單詞
表情	比 0 ～ 1 歲表情豐富許多，複雜情緒如忌妒、尷尬也有了，會依大人的表情做反應
眼神	更多的眼神接觸，表示他感興趣或專注學習
姿勢	會走、會跑，還能以手指物；也會牽手、搬動物品等等

以上述小圓的例子來做更具體的說明，當她開始哼哼啊啊、把頭轉開、拒絕眼神接觸時，媽媽如果留意到，即可適時介入化解問題：「喔！小圓想休息了是不是？」向大家說明後，將小圓抱離現場，這才是敏銳的父母該做的事。因為媽媽留意到寶寶對「過度刺激」傳達出的訊號，並介入處理，小圓就不需要以嚎啕大哭來讓媽媽知道她需要休息。

至於安安的爸爸則很不錯，他的做法裡已含交談、關心、介入；安安的阿嬤則是脊椎反射的大驚小怪。而蓓蓓的媽媽下回應注意到孩子投入遊戲的程度已深，並提早處理：「蓓蓓玩得好高興喔！再玩5分鐘，我們就先休息，接姊姊回來跟妳一起玩。」也許就不會有後來的哭鬧場面了。

其實多數爸媽都會注意到寶寶生理需求的訊號，例如飢餓、冷暖、生病、尿片濕、大便等等，卻比較容易忽視情緒層面的訊號，例如、太刺激了、厭煩了、太投入、很興奮、傷心、生氣等。這也許跟大人過於本位思考，對小孩的心理需求不以為意所致，其實孩子很需要成人們的耐心、關心，並適時介入。

2. 不要反射性介入，稍微晚個幾秒鐘

父母應經常提醒自己，多留意寶寶的情緒訊號，即使是哭聲，也有許多不同涵義。千萬不

要一聽到哭聲，就反射性地衝過去，急著塞奶，把自己當成人肉奶嘴。當嬰兒有動靜時，無論是哭泣或呻吟，晚個幾秒鐘再介入，以便觀察、了解、回應，像是對寶寶說說話、輕輕撫摸他，試著分辨他的情緒訊號，是想聽聽媽媽的聲音？想要爸爸撫摸？還是有其他需求，太吵？太冷？尿片濕了？想要被抱？還是想要休息？

因為我們最終的希望是孩子將來對於情緒能夠自行調節，不要倚賴他人；因此父母要留一點點時間給寶寶讓他先試著自我安撫。當然父母也要學會每種不同訊號的意義，以在他還沒學會安撫自己前準確地切入幫忙。

3. 回應時要真誠以對

對不會說話的小嬰兒，我們的回應更重要！不回應造成不信任、失去興趣、沒有自信、沒有安全感；而錯誤回應加深挫折感、升高負向情緒反應，因此要好好練習辨識孩子的情緒訊號。親子相處時間那麼長，只要用心觀察，一定能很快就抓到寶寶的情緒頻率。

情緒教養重點

- 從出生一開始就要認真辨識，觀察其聲音、語言、表情、眼神、姿勢。
- 晚個幾秒鐘再介入，切勿像彈簧一樣立即反射處理。
- 每一個寶寶的情緒語言都是獨一無二的，父母只要願意花時間就能找到頻率。
- 你的敏銳回應會鼓勵寶寶更願意和你溝通。
- 猜不到，再猜！多想想，再歸納。

教養叮嚀 發現了嗎？敏銳的父母多花幾秒鐘觀察孩子的訊號再介入；粗心的父母則自以為是，僅憑直覺做事。其實敏銳的父母只需一顆想了解孩子的心與多點耐心而已。

睡飽飽情緒才穩定

睡眠與嬰幼兒情緒正相關

案例

幾十年前，當我還在輪值急診的住院醫師年代，半夜（總是半夜，跟生產一樣！）老是有父母慌慌張張掛號，如泣如訴地說明寶寶剛剛是如何聲嘶力竭的嚎哭、上氣不接下氣，眼看可能就要斷氣了，才逼得他們不得不來急診掛號。但講述這段歷程的同時，寶寶卻安安穩穩的睡在媽媽懷裡，嘴角還抽動一兩下，狀似拈花微笑！於是父母尷尬地互望，再三表示不是來找喳的，剛剛寶寶的確是……。

當時的我只能安慰父母，沒關係，寶寶常常是這樣的，一上車就睡著！

二十多年後的今天，在家長教育課程中，詢問家長如何處理嬰幼兒半夜啼哭，發現仍然有許多人會抱著孩子去「收驚」，可見家長對孩子的哭是多麼無助，哪裡有秘方就哪裡去。

「我只有一個小小的心願，那就是能一夜好眠啊！」這應該是許多父母的共同心聲。可以想像，嬰兒夜裡啼哭會給新手父母帶來多大的挫折，甚至恐慌，也因此目前亞馬遜網站上關於寶寶睡眠的書就有三萬六千多本，關於睡眠「訓練」的書也有一萬四千多本呢！

睡眠影響嬰幼兒情緒調節能力

現在我們對於嬰幼兒睡眠問題愈來愈了解，也明白其實有些具體方法可協助寶寶，而非僅止於「忍一忍，這一年很快就會過去」、「寶寶哭時，別急著抱他，要不然以後動不動就大哭，你就慘了！」、「哭就要趕快安撫他，不然以後會缺乏安全感。」如此緊握一個教條，不知變通且缺乏瞭解，對大家都沒有助益。

事實上，嬰幼兒的睡眠與成人有很大的不同。我們常說「睡得像隻豬」或「睡得像小嬰兒」，言下之意是嬰幼兒都睡得超香超甜，但其實正好相反，嬰幼兒期的睡眠是：睡得比你多，但睡得比你淺。每一個睡眠週期短（30～50分），所以醒的次數比你多；動眼期（夢期）比你多（8小時 vs 成人的1到2小時），尚無日夜概念，且缺乏自動入睡的能力。

證據會說話　睡得好，將來情緒調節較好

嬰兒的一天可以很明顯地分成六個狀態：❶深眠❷淺眠❸嗜睡❹安靜清醒❺活躍清醒❻哭泣。一個睡眠調節良好的寶寶，意味著他在期與期之間的轉換比較沒有困難。換句話說，想睡就自己睡著，醒來後就或吃或玩或安靜地觀察著，真是完美的寶寶啊！

Brazelton 博士（哈佛大學新生兒觀察系統團隊）的觀察是，嬰兒若較易在這6個狀態中轉換，將來的情緒調節也會比較好，成人也容易預期他的狀態，比較可以平和地與孩子相處。他建議，寶寶理想的睡眠健康有三個日標：❶感覺安全與被愛❷寶寶可以安撫自己入睡❸睡眠週期中醒來可以自己再度入睡。

爸媽可以這樣做

為了達成寶寶理想睡眠三個目標，父母可以參照以下的具體作法：

1. 辨識寶寶想睡的訊號

父母親要花些時間來辨識孩子想睡的訊號。包括：揉眼睛、打呵欠、活動力下降、肌張力下降、眼神渙散、扭動不安、不感興趣等等，不要把想睡的訊號誤以為孩子無聊，反而開始刺激他、跟他玩，那後果將不堪設想！當孩子發出這些訊號時，父母敏銳的「接招」，啟動睡眠儀式，孩子就能從「想睡」的欲求迅速進入滿足的狀態。情緒不會被激發，他也就學到情緒的轉換是可以平平靜靜達成的。

2. 建立固定但不僵化的睡眠時程

建立固定但不僵化的睡眠時程也會有幫助，因為可預測性會讓寶寶有安全感，且父母自己也容易學習辨識訊號，但切勿僵化，這不是帶兵，是帶小孩！

睡前儀式很重要，不要忘記目標是使孩子可以自我安撫入睡。如果從小嬰兒起就有睡前儀式如：輕音樂、燈光變化、按摩、說故事、睡覺毛毯等等，一旦建立後，只要有這些情境出現時，孩子就很容易習慣性地進入「睡眠模式」。簡單說，睡前儀式就是暗示：該睡了！

3. 發展出除了餵奶以外的安撫技巧

別以為只有你家的嬰兒不好睡，其實這些多而淺、易醒易吵的睡眠狀況是常態。因此，若希望寶寶在每個週期醒來時，不要勞動父母就可以自動再入睡，那就要建立除了餵奶以外的安撫方法，否則孩子容易將餵奶與再度入睡產生連結，這下想不出動媽媽都不可能。

要怎麼辦到呢？你可以稍等一下，讓孩子有機會摸摸毯子，或感受一下黑暗，看能不能自行再度入睡；若不行，輕輕發出「噓噓噓」的聲音再試試；還不行，則輕撫手腳再加上聲音；再不行，就安靜地換尿布（如果你覺得有換尿布的需求）及調整包巾的鬆緊。總之，不要把自己當「人肉奶嘴」，也不要「全家總動員」，或者將燈光全開、換尿片、餵奶、抱起來搖一搖及走一走……，結果可能會演變成大人們天天熊貓眼！寶寶需要的是學習自我安撫，並沒有你想的那麼多需求。

4.可以用奶嘴或其他物件安撫入睡

關於孩子使用奶嘴的優劣見解真是不勝枚舉。美國威斯康辛大學的研究顯示，奶嘴不離口的重度使用男童（6~7歲），長大以後情緒調節力比較差。理由是，長期吸奶嘴將使孩子成長過程中不易模仿他人的語氣、表情（因為嘴裡老是有奶嘴）；反之亦然，大人也會看不清孩子的情緒訊號（因為臉部被奶嘴遮住一大半，又發不出聲音），而影響彼此的互動。

但是奶嘴的確可以降低孩子的挫折感，可以撫慰他們，那該怎麼辦呢？如何使孩子可以用奶嘴來自我安撫，又不會上癮到影響他們的情緒表達學習呢？最理想的狀態是睡前使用協助入睡，白天則不使用。當孩子夠大時，可以將奶嘴別在他的睡衣上（但別掛在脖子上，有窒息的危險），如果他哭了可以自己塞進嘴巴裡，這便是自我安撫的第一步。當然也可以不要使用奶嘴，有些時候抱抱小毛毯、媽媽的背心或心愛的玩具，也是很有用的。給不給奶嘴，還是要依據孩子的個別需求而定。

5.在寶寶醒著時餵奶

大部分的新手父母因擔心孩子吃不夠，會趁著孩子睡著時塞奶或奶瓶，也就是「睡眠進補」，或者在孩子哭鬧時用餵奶來安撫，一直餵到孩子似乎睡熟了，再躡手躡腳放回床上。但這個餵奶模式會使寶寶將「睡」與「吃」連結；在他的認知裡，想睡等於媽媽餵奶，所以一旦睡眠週期間醒來，就會發出聲音開始尋奶，大人也只好疲於奔命。所以為了讓孩子學習自我安撫，最好在寶寶醒著時餵奶，且不要餵到睡著，在有睡意時就停止餵奶，中斷餵奶與睡眠的連結。

6.在想睡時就放上床（不要等睡著了）

另一個常見的哄睡模式，也很類似上述的餵奶情況。父母因為怕孩子睡得不夠熟，一放回床上又醒來，所以就抱著、搖著、哄著……，直到「時機成熟」再將孩子輕輕放回床上，並默默祈禱孩子能一覺到天亮。可是天不從人願，因為孩子已經把父母的哄睡行為與睡眠連結，於是在睡眠週期間醒來一樣無法自我安撫，必須情境再現才有辦法再次入眠。

最佳的狀況是在孩子有睡意時就啟動睡眠儀式（見第2點），這樣可以幫助他較快進入夢鄉，並且認定「床」才是唯一目的地。

7.白天勿過度刺激

有些家長會有個迷思，覺得如果孩子白天玩累一點，那麼晚上就會比較好睡。但其實過累的孩子，身心會處於一種過度疲累的狀態，該睡覺時反而無法安頓心神；此外，如果在睡前過度刺激，反而會使寶寶處於高度警戒狀態，產生焦慮、不安、興奮，甚至亢奮，而更難安撫自己。

保持一個可預期與平和的生活步調，是幫助嬰幼兒學習調節情緒的基本條件。

情緒教養重點

- 睡眠也與情緒調節相關。
- 自睡眠週期中醒來容易再度入睡者，未來情緒調節力較佳。
- 辨識想睡的訊號比過度介入重要。
- 協助孩子好眠的指導原則，是讓他可以自己入睡。

教養叮嚀　發現了嗎？睡眠的確與情緒調節相關。父母應將目標設定在協助孩子可以安撫自己入睡，所以不需要用太多外力喔！

這些事不該對孩子做

你在安撫孩子，還是傷害孩子？

案例

一個由急診轉入新生兒加護病房的兩個月大女嬰，稍早讓急診室大夜的值班醫護人員忙翻了！

昏迷抽筋、兩邊瞳孔不對稱、眼底出血……，女嬰被送到急診室時表現的症狀，全都與神經異常有關。

「囟門凸出、抽筋、缺氧、心跳變慢！趕快插管！打上靜脈！抽動脈血！快照超音波！安排電腦斷層。」總醫師指令一個接一個，加護病房內沒人閒著，器械推來擠去，因為病人個兒太小，一堆大人的頭就這麼湊在他的上方，不時還會相撞。

「請詳細問家長病史！記得要問家暴相關問題，還有是否有搖晃嬰兒？」

「剛開始就是不怎麼吃，一直睡，然後突然抽筋起來，我們就把她送到醫院來了。」父母親急切的述說著。

「那平時會睡很多嗎？好睡嗎？愛哭鬧嗎？」醫師詳細詢問。

「平時就很愛哭，也不好睡，嬰兒不是都應該很好睡嗎？」媽媽看來像隻驚慌的小兔子，令人十分不忍。

醫師逐步觸及問題核心：「檢查起來可能是腦部出血，有沒有不小心把孩子摔下去呢？」

年輕父母互看一眼說：「怎麼可能？她一直哭，所以我們都一直抱著啊！」

「一直哭、安撫不下來時，有沒有用力搖他呢？」醫師逐漸問到問題核心。

「有，嬰兒不是都要搖嗎？」媽媽說。

「輕搖嗎？有沒有這樣搖？」醫師做了前後快速搖的示範。

「昨天有……」

做了不該做的事將影響孩子情緒發展

也許你聽過「嬰兒搖晃症候群」？這是三不五時會被小兒科醫師慎重提出來教導社會大眾的事。少數的新手父母，會受不了新生兒的哭鬧，百般安撫無效後，就把孩子抓起來前後搖晃，希望能安撫寶寶，獲得短暫的安靜，哪裡會曉得這種搖晃無比致命！脆弱的腦部血管就在前後晃動中斷裂了，這種傷害很難挽救。

父母親如果情緒不夠穩定，加上對新生兒的了解不深，一時衝動下，更離譜的事都可能發生。有些父母親在長期睡眠不足的壓力下，會在牛奶中加入安眠藥想使嬰兒「安靜」一會兒，結果卻造成嬰兒長睡不起。也曾發生過一位阿嬤因罹病又帶孫，實在累壞了，聽到嬰兒哭聲，一時失控將嬰兒雙手手腕畫出傷口的慘劇。

兒保新聞中多的是對幼兒的傷害，每週平均約有一位幼兒受虐致死，其中五成是2歲以下幼兒。雖說受虐，但許多成人並非十惡不赦的以虐童為樂，而是受不了孩子的哭聲、受不了失眠、受不了巨大的壓力了。

一般父母雖不至於做出太偏激的事，但是情緒失控破口大罵，或氣得不理不睬、或是打幾下小屁股，都很常見。

證據會說話　錯誤回應、爭吵的環境、菸酒都會影響情緒

學者（Trevarthen）在二〇〇一年左右就從實驗證明，2個月大的孩子對媽媽的情緒回應很敏感，當寶寶已經不耐煩了，媽媽卻還對著他嘻皮笑臉（這並非他期待的反應），他就可能會哭得更兇；此時他們要的是你收起笑臉，好好的安撫及同理他。因此不是一直露出笑臉就可以安撫孩子，而是要能察覺孩子的訊號，同調的適切回應。

許多動物實驗也顯示，親子之間的互動有其生物性基礎。許多腦部區域發展是在鼠媽媽舔小老鼠、猴媽媽為小猴子梳理毛髮、袋鼠媽媽懷抱小袋鼠之際自然完成的。人類的大腦比這些生物更為複雜，且嬰幼兒比起幼獸更缺乏自我照顧能力，因此特別需要長時間的撫養需求，如果父母呈現出漠不關心，那麼腦部發育受阻是可想而知的事。

此外，美國奧瑞岡大學（university of Oregon）做了一個有趣腦部研究，結果證明，嬰幼兒即使在睡眠狀態，外界說話的語氣也會影響他們的腦部活動。進一步分析發現，如果這個孩子來自高衝突家庭，那麼他們對於生氣語氣的反應會比低衝突家庭的孩子來得更強烈，這些會表現在下視丘、視丘、扣帶迴、尾核等管理情緒的位置。爭吵憤怒的聲音會造成腦部的影響，是已被確定的；在嬰幼兒面前爭吵的聲音，已知會使他們大腦裡處理壓力

的構造變得更敏感。

最後是菸酒、毒品對孩子的危害。其實多數父母都明白這些東西的危險性，例如，我們當然可以想見嗜酒成性的父母沒有辦法清醒地照顧孩子；二手菸的危害也無庸贅言。在這裡要特別強調的則是家庭暴力。家庭暴力包括身體上、心理上、性行為或言語上。二〇一四年的一篇研究報告顯示，目睹暴力對孩子腦部的影響有：海馬迴較小、大腦前額葉（理性思考）變小、連結兩側大腦的胼胝體變小、連小腦也變小。是非常值得重視的問題。

總是處在一個爭吵的環境裡對孩子有四個較大的影響：

★**影響知覺發展：**所聽到、所見到、所感受到的都造成過度刺激。

★**影響依附關係：**這種環境很難有安全型依附產生。

★**影響探索世界的方式：**有的會很害怕而壓抑；有的會學習爭吵而攻擊性變高。

★**影響未來與他人相處的模式：**有樣學樣。

爸媽可以這樣做

1. 不大聲斥責，也不在孩子面前吵架

家庭裡的爭執會不會影響嬰幼兒社會情緒發展，關鍵在於「孩子聽到了嗎」？而不在於「他聽到了什麼」？意思是，重點在於吵架的聲音是不是被寶寶聽到，而不是「是否在罵他」。所以夫妻兩人為了錢而爭執、婆媳為了家事而叫罵，或大聲喝斥鄰居，對嬰幼兒的影響一樣不好（雖然寶寶聽不懂你在罵什麼或罵誰）。因此若要吵架，請到孩子聽不到的地方吧！別一邊吵，一邊抱起孩子搖，這樣給孩子的訊息太過混淆了。

2. 避免家暴，破壞孩子的安全感與情緒調節力

如果暴力涉及孩子，那不只是孩子身心受創，基本上就是一種犯罪行為。但父母也不要忽略了，即使暴力不涉及孩子，「目睹」家暴本身就會對孩子會產生巨大的傷害，孩子們會內化這些大人的暴力：變得憂鬱或焦慮。另外，也可以看到形於外的影響，孩子將來變得容易打架、哭鬧、霸凌他人；其他的影響還包括易觸犯規則、人際關係困難、學業成績低落等等。目睹家暴的孩子將來也容易變成施暴者。

那如果家暴出現在嬰幼兒期呢？在這樣家庭長大的嬰幼兒，所形成的依附型態就是錯亂型依附，孩子無法建立自信心也難以相信別人；其次，因為睡眠及飲食習慣都會比較差，對身心也會造成一定的影響。最重要的是，目睹暴力對腦部發育的影響等同創傷後症候群（PTSD），嬰幼兒期聽到或看到家庭暴力中參雜的痛苦尖叫、哭喊聲、掌摑聲及殘暴影像等「**憤怒背景**」，會嚴重破壞孩子建立安全感與情緒調節的能力。

3. 真誠回應孩子，切勿漠不關心

正常狀況下，新生命降臨帶來的是幸福快樂，縱有焦慮緊張或不知所措，父母總還是滿心關懷與愛意。但是仍有些父母屬於漠不關心型，尤其是患有憂鬱症的母親。嬰幼兒情緒力成長，是靠著大人幫助的：由成人協助調節情緒（他調），到一起共同調節（共調），最後成為自我調節（自調）。例如：一開始嬰兒哭泣時，媽媽會餵奶、換尿片，或輕聲撫慰（**他調**）；接著嬰兒知道媽媽了解他的需要，所以只會哭一下下或略為出聲呼喚媽媽，媽媽就會來滿足他（**共調**）；到最後他還學到其實也可以不必哭，只要忍耐一下，先吸手指，不須「演很大」，媽媽等等就會來滿足他的需求（**自調**）。

但是這些情緒調節的學習在一個漠不關心的環境裡是付之闕如的。在這種環境下，嬰幼兒沒有被協助調節情緒的經驗、沒有信任感，也缺乏必要的學習刺激，寶寶高昂的情緒一旦升起，沒有經歷過被撫慰，無法學習冷卻，所以也就無法調節。此外，漠不關心的照護也使得孩子失去觀察別人情緒的機會，而能夠覺察到他人情緒變化是高EQ的重要指標之一，不然就會變成不會看臉色的「白目」人。冷暴力引起的傷害在幼兒期特別嚴重，絕對不是一般人以為的「孩子還那麼小，什麼事都不懂」。

情緒教養重點

- 不菸、不酒、無毒品。
- 漠不關心、爭吵聲、暴力、目睹暴力，都會危害孩子情緒及腦部發展。
- 不良的親子互動方式不只引起心理問題，也影響腦部結構，還影響孩子看自己及看世界的眼光。

教養叮嚀 發現了嗎？幫助孩子正常發展的重要因素，其實就是成熟的大人們。

PART
2
先說硬體
了解腦科學的發展，從一開始就做對

大腦的可塑性
大腦如何塑型孩子的情緒

案例

「從準備懷孕起，我就知道媽媽是孩子最初的老師，在月子中心，寶寶就開始上嬰兒游泳課，滿月返家後我也積極幫他進行嬰兒按摩，還帶他去上各種嬰幼兒大腦啟蒙課程，感覺寶寶真的很聰明耶！」

「我們是雙薪家庭，不得不把孩子托給老人家帶，但也不能要求老人家經常送孩子去上大腦啟蒙課吧！難道孩子注定從小就比別人差，有沒有辦法補救呢？」

「聽說3歲前是大腦發育的關鍵期，我兒子現在3歲半了，但我之前根本沒有時間給他特別的刺激，現在開始來得及嗎？」

現代父母都知道3歲前是大腦發育的關鍵期，也知道對幼兒大腦的刺激愈多愈好，但什麼樣的刺激對孩子是最有效的呢？到底3歲前大腦發展有多快？刺激是否必要？對於腦部發展這件事，父母是否過於大驚小怪？研究究竟有什麼新發現呢？

腦部發育敏感期應提供不間斷刺激

胎兒的大腦在受精後3週內就開始發育了，出生時就約有一千億個以上的腦細胞，當然細胞與細胞間也有了部分連結。醫學界過去對大腦的概念是，一出生就決定了，理由是腦細胞的數量在出生後大約就不會改變了，所以以為大腦無法再造，所幸這種推論很快就被推翻。

腦部發育到底有多快？在1歲左右，腦大小約是成人的一半；2至3歲時就約達成人的80%大小了，雖然數目不怎麼增加，但腦細胞會變大，更重要的是連結網路會變多。

這一點也不誇張。2歲左右嬰兒的神經網路連結是這輩子最多的時候；過了這個時期，就會開始修剪掉不會用到的部分。至於減掉哪些不用的網路，留下哪些欲保留的連結，加強哪一類重要的線路，端看環境決定；就如同從學校走到你家的小路繁多，繞來繞去走小路肯定比走直直一條大馬路慢。人體演化不會做這種沒效率的事，因此會逐漸廢掉不需要的連結。

想像一下，你置身於一個黑暗的房間，房間裡有無數盞燈，每亮一盞燈就使你看到光源附近的環境。當燈愈亮愈多，就好像大腦細胞間線路被激發，這個亮燈的動作就是「環境刺激」，譬如聽見媽媽的聲音、聞到奶香味、照射到陽光、聽到音樂、接受撫摸，這一切的一切就像是按下無數個電燈開關，對寶寶來說都是有效的環境刺激。沒有這些刺激的腦，就像是沒有燈照的大腦，只能陰暗沉寂。

醫學界愈來愈清楚知道，腦部發展不是「天注定」，環境經驗一樣重要。這些環境經驗就如前述所說的「亮燈」一樣！在頭一千天的日子裡，這個大約長到一百公分高的小娃兒，每秒以形成七百個以上的神經細胞連結速度在大腦內建造高速公路網，遇到一個刺激，就亮一盞燈，並照亮環境，然後還產生許許多多連結。

大腦接受許多刺激之後，必留下痕跡，那就是細胞間的網路連結。這些難以計數的連結，將會在二至三歲以後，把沒用的、少用的一一修剪掉。

證據會說話 **環境經驗一直影響人的大腦發育**

但是事情沒這麼簡單，環境經驗將一直影響人的大腦發育，而不是在2至3歲後就停下來。藉由功能性核磁共振攝影掃描（fMRI）的參與研究，我們清楚地知道，大腦永遠有可塑性，只是速度沒有幼兒期那麼快而已。

這就是這一個世紀以來，腦科學家帶給人們的新希望！再老，我們的腦仍有可塑性（神經可塑性），只是最佳時機是「小時候」。整個大腦相當複雜，各部各司其職且互相溝通交流。連結支援愈強壯者，反應也愈強大。因此，人類一直需要各種刺激來塑造大腦網路，只是嬰幼兒期尤甚。

舉例來說，大腦裡的邊緣系統住了一堆小機構，掌管情緒、壓力掌控，酬賞反應等等，但它可不能自行運作，為了讓行為符合社會規則，這一堆小機構必須跟上司（前額葉腦）密切往來，以免做錯事。生氣時，如果時機對了，可以適時發飆；時機不對，就要忍耐。與大腦連結不夠的人，可能一時氣不過，經常會與人起爭執，最後影響自己的人際關係，這就是邊緣系統眾多小機構跟大腦連結不足所導致。

但有些刺激只要環境裡有，腦部就會自然產生連結，例如光與視覺。嬰兒只要不是被放在黑漆漆的環境裡，視覺細胞自會跟大腦的辨識系統連結；但是像這種情緒腦與理性腦連結的產生就需要學習與教導的刺激，當然其他還有語言、樂器演奏等也須環境特別施予刺激。

爸媽還可以這樣做

那麼什麼樣的刺激才是好的？要給多少，才叫有效刺激呢？這還真是個敏感又難以回答的問題。醫學上的研究推測良好的互動刺激對嬰幼兒非常重要，爸媽應與嬰幼兒維持良好互動，關心他們的需求與反應，給予大腦最適當的刺激。

1. 營養要充足，大腦才會好

充足的營養是腦部發育必需的，已知缺乏某些元素會使腦部發育不良，如鐵、脂肪等。雖然腦部終生具可塑性，但大腦發育的確存在「敏感期」，嬰幼兒期就是重要敏感期，因此提供充足的營養絕對不可或缺。研究顯示大腦發育與營養最相關的時期始自懷孕中期到2歲間。

2. 親子間互動比什麼刺激都好

「人」的刺激優於「物」的刺激。所以家人互動一定會比電視、IPAD，或單獨玩玩具好。許多人以為來自電子產品的聲光刺激是「人」無法提供的。錯！人是社會性的動物，我們的腦區有專司互動的社會腦，這些部位一定要靠人際間互動的刺激才可以連結。不僅如此，有來有往的語言刺激，其變化性豈是單向的電視、電腦所能比擬的？

家長容易有個迷思，認為許多電子產品製作精良，提供的學習內容不是一般家長能做到的，有些產品更是專家研發的，這些都沒有錯，但是一定要知道，親子親密的同調互動才是影響大腦發育最重要的元素。全世界的小兒科醫師與兒童發展學家推廣自出生後就開始「親子共讀」，目的就是在推廣面對面的親子關係，並不是另一類「不要輸在起跑點」的早慧活動，即使使用電子產品，也要親子一起互動，效果才會加乘。

3. 避免負向環境因素

負面環境因素（受虐、憂鬱，或忽略不理等）影響大腦發育頗巨。孩子的大腦早在3個月大就可以辨識父母憂鬱、焦慮等負向情緒，這些負向情緒會引起他們大腦的「共鳴」，這絕對不是我們想要的。父母應對自己的情緒有所察覺，盡量使自己保持在平靜正向的狀態。

然而統計上，約有10％的母親有產後憂鬱的現象，令人擔憂會對孩子造成影響。此時家人的支持，對母嬰同等重要。研究也顯示，當爸爸積極介入寶寶的照顧時，母親憂鬱症對孩子的影響就會顯著下降。只要家人同心解決困難，定可避免負向環境因素干擾大腦發育。

情緒教養重點

- 母奶比配方奶好。
- 媽媽的聲音（說話、笑聲、朗讀聲……）比CD好。
- 親子面對面互動比單向的電視、電腦好。
- 有來有往，一來一去的逗弄互動比昂貴的玩具好。
- 溫暖平靜比緊張焦慮好。
- 花時間了解每一個孩子的獨特性比滿街找專家好。

教養叮嚀 發現了嗎？其實對孩子大腦發育最好的工具就是父母本身。

父母與嬰兒的連動
親子間情緒的交互影響

案例

「奶也餵了、尿片也換了，為什麼還哭個不停？」雖感到相當疲累，媽媽還是將寶寶抱起來搖一搖、走一走。走來走去不過就是那麼一丁點大小的空間，更加令人煩躁。好不容易感覺孩子嘴巴微張，握緊的小拳頭也開始下垂，但媽媽還是不敢稍有鬆懈，硬是多繞了幾圈，才輕手輕腳地將寶寶放回小床。

不到2至3分鐘光景，驚天動地的爆哭聲又響起。但媽媽還是耐住性子再度抱起孩子，可是這回搖得很用力，頭上開始冒火了，「都已經抱了，你還有什麼不滿意，為什麼一直哭，到底怎麼樣你才肯乖乖睡？」媽媽頓時失耐心，聲音稍大了起來，不像在跟2個月大的小寶寶說話，寶寶好像也感受到媽媽的怒意，哭得更大聲……

接著，媽媽也哭了起來，不敢相信自己竟然會對著嬰兒說出這種話。此時先生衝了進來，隨口說了一句：「小孩哭有什麼大不了，有看過不哭的孩子嗎？對小孩要有點耐心。」

「你偶爾逗逗孩子當然沒什麼感覺，要不你帶一天試試看……。」媽媽感到自己情緒快崩潰了，愈哭愈大聲。世界怎麼在孩子誕生後就翻轉了？心中那最敏感的地帶被觸動了，一發不可收拾。最近，她的確感到心情低落，老是覺得快要失控了。難道是患了產後憂鬱症嗎？

更令媽媽痛苦的還不是這些顯於外的口角爭執，而是內心對自己「母性」的懷疑。這些怒氣與難過是正常的嗎？我是一個好母親嗎？寶寶會不會以為我不愛他了？

寶寶小小年紀就能感應到爸媽的情緒

如果說憂鬱症是二十一世紀的流行病一點也不誇張。根據統計，台灣地區憂鬱症盛行率約7.3％，大約與西方國家相去不遠，同時以女性較多，約比男性多出一倍多。這可能與女性有一個男性不會有的「產後憂鬱症」有關。

一半以上的新手媽媽在寶寶出生後可能會經歷一些心情低落的時候（英文稱 baby blue），其中有些人的低落期長且強度高，則被統稱為產後憂鬱症，大約占新手媽媽一至兩成左右。

因此我們可以概括的說，新生兒期有些寶寶（一至兩成）是由有憂鬱狀況的媽媽養育著。接著，在孩子長大的過程中又有一成的孩子要面對憂鬱症母親或父親。因此對孩子的影響究竟為何，的確值得留意。

先來猜看看嬰兒大約在什麼時候可以辨識照護者的情緒？美國的0～3歲非營利組織（zero to three）做過一個大規模的調查，以檢視美國父母對嬰幼兒情緒發展的常識是否足夠，結果如下表，答案分出生、3個月、6個月、1歲以上。

從這個調查裡我們可以清楚的看到，一半以上的父母搞錯了嬰兒的情緒發展期，而且差距竟有6個月到1年之長。父母可能以為剛出生的小貝比什麼都不懂，只是一個不停哇哇大哭、眼裡除了奶以外什麼都不懂的小傢伙。但真相卻是，不懂的其實是「大人」啊！大人往往低估了這些「內鍵完整」的精細小生物。

狀態	正解	父母認知（%）
知道父母的憤怒或悲傷，會受到父母情緒影響	3個月大	62%答：6個月以上（錯）（47% 1歲以上）
寶寶本身會感到憤怒或悲傷	3～5個月大	59%答：6個月以上（錯）（42% 1歲以上）
目睹暴力對腦部影響始於？	6個月大	47%答：1歲以上（錯）
大聲咆哮對寶寶影響始於？	6個月大	47%答：1歲以上（錯）
家長照護品質何時會對寶寶造成影響？	自出生後	50%答：6個月以後（錯）

證據會說話 **嬰兒與母親腦波呈現同步性**

在沒有影像學檢驗儀器的時期，心理學家辛辛苦苦地觀察嬰幼兒的表情來編碼，再依據母親的情緒狀態來分析比較。之後，進步到用腦波檢查，他們也發現嬰兒與母親腦波呈現同步性。也就是說，憂鬱症母親養的孩子其腦波與媽媽的腦波相像（右前額葉活動高），不憂鬱的母親養育的孩子其腦波也像媽媽的腦波（左前額葉活動高），母親與孩子的腦波互相輝映著。

結論是，寶寶會感受到父母的情緒變化，起步早到超乎你的想像，科學家至少可以抓到3個月大就受影響的證據（事實上，現在已朝向產前憂鬱的母親對胎兒腦部影響在研究了）。

機能性核磁共振攝影掃描的研究利器出來以後，這類證據更多了，掌管情緒的杏仁核及掌管理智的前額葉，在有憂鬱症與無憂鬱症的媽媽兩組對照下，都顯示出差異。也就是說，嬰幼兒早將他的心貼近你的心，很早就能感應，很早就有感覺，只是還無法表達出來。

爸媽還可以這樣做

嬰兒「**情緒腦**」發展就是腦部發展的一部分，也是一千天內的重要標竿。一個穩定的家庭氣氛、一對情緒平和的父母，就是孩子情緒腦發展最重要的根基；因為所有的情緒經歷都將在他的大腦內留下痕跡。而這些情緒經歷就是在每日的眼神接觸、撫慰餵養、言語交流中一一累積的。

1. 父母要能察覺自我情緒

人的理智其實很容易被強烈的情緒綁架，在日夜照顧孩子的巨大壓力下，不理性的對家人或孩子宣洩情緒之事，時有所聞。也許情緒稍微平復時，對於自己說出口的話，所做的行為都難以置信。但是因為孩子與你之間的連動影響的確不容小覷，因此如果能在情緒引爆之前，察覺、辨識、處理，就可以防止自己「氣」爆，自然也能對孩子的情緒腦少一些負面刺激。

從上述的說明中不難發現，寶寶的確可以感受到媽媽（照護者）的情緒。隨著孩子長大，感受力愈強。不過這些負向情緒影響不會只因一至兩次就發生，時間的累積才是重點。所以媽媽們也無需太緊張自己偶發的憤怒，但是一旦自覺照護壓力已達臨界點時，應該要冷靜下來，尋找幫手才是對孩子最好的方式。

2. 建立支持系統

新手父母的確有許多壓力，從經濟壓力、關係變化、照養壓力，甚至睡眠或休閒變化不一而足；維持自己的身心穩定並不容易，因此建立一個強而有力的支持系統是必要的。父母的情緒穩定，孩子的大腦會跟著穩定，但父母的壓力要有地方紓發，所以無論是父母團體、娘家、婆家，保母系統都值得好好規劃，父母的心情輕鬆，親子間流動的情緒才會正向有益！

3. 運動，休閒，靜坐也很有幫助

可以固定運動或做些休閒活動的爸媽真是太幸福了！即使做不到，自己在家中做肌肉放鬆術，或抽出幾分鐘靜坐深呼吸，對情緒會有很大的舒緩效果。試試看，當孩子的哭鬧令你心煩氣躁時，走出房間深呼吸幾下，喝杯開水，洗把臉，做一下體操，都遠遠好過粗暴的搖晃，或連珠炮的惡言。

情緒教養重點

- 父母情緒與嬰幼兒的情緒連動可以早至3個月以前就發生。
- 家庭和諧就是協助孩子正常發展最好的基石。
- 穩定及平靜的愛與照護，加上不斷的回應就是最好的禮物。
- 家庭暴力是腦部發展之毒。
- 若嬰兒出生後母親出現憂鬱、焦慮、悲傷哭泣、無力感、罪惡感等等情緒問題時應及早就醫診斷，才不會影響孩子發展。
- 憂鬱症母親會導致親子依附關係不良，其他家人應提供協助。

教養叮嚀 發現了嗎？國外調查中排名第一的家長關心議題——情緒教養，原來如此簡單，情緒穩定的父母加上和諧的家庭氣氛，就是最完美的情緒教養。

大腦與情緒腦構造

情緒教育影響大腦發育及結構

案例

妳有沒有偶爾在夜深人靜時（當然孩子已入睡），心生愧疚，覺得自己真的不是個好媽媽，希望能重來一次？

「今天對孩子發了幾次脾氣，明天一定要冷靜，還好明天還有機會！」媽媽這樣安慰自己。

小時候做錯事被父母打得很兇，所以打從懷孕開始媽媽就告訴自己，絕不打孩子！曾在教養書上讀到一種方法——隔離法，將做錯事或發脾氣的孩子隔離到一個角落或沒有太多干擾的房間，等怒氣過了，也知錯了，再准許孩子離開。

媽媽一直都用這一招來處理孩子的問題。直到有一天她聽到鬼靈精的妹妹教訓哥哥：「還哭！不可以哭！10、9、8……0，現在去角落罰站！」生性老實的哥哥，用憤怒的眼神，倒退到角落，一邊與妹妹對看以示抗議。媽媽一時愣住了，妹妹做的事正是她想要做的，當然這也是她第一次正視到孩子不滿的眼神！

媽媽反省，隔離法雖然可以使孩子冷靜下來，但是她似乎從來沒有告訴孩子生氣是怎麼一回事，該怎麼發洩、處理情緒？

自此之後，媽媽改變了做法。當孩子生氣時，她就會請孩子過來，告訴他生氣時，自己的身體與大腦會發生什麼變化，該採取什麼行動來讓情緒冷靜。

現在媽媽最常採取的方式是——隔離自己！同時告訴孩子，媽媽需要一點時間冷靜，才不會大聲責罵他們，而且可以讓大腦重新運轉，才知道怎麼解決問題！

慢慢的，她不再為自己的情緒失控感到愧疚及後悔，連孩子的情緒也穩定多了，不再動不動就暴走。

情緒教養可以改變腦結構

我們的腦可區分為下層腦（情緒腦與腦幹）與上層腦（理智與認知）；上下層之說，除了位置關係以外，演化時間長短也不同（遠古的下層與近代的上層）。

情緒腦（下層腦）在幾億年前就存在了，而大腦上層（新腦）的發展不過幾百萬年的歷史，難怪我們的理智經常輸給情緒，而做出後悔莫及的事。例如，明知道孩子還小，一定會做出很幼稚的事，當然需要耐心與指導，但就是忍不住憤怒與挫折，甚至有些父母不光動口也會動手，然後才後悔自己「一時失去理智」，這是因為當我們情緒腦爆發時，理智經常就會縮頭不見蹤影的關係。

當孩子很憤怒而摔壞玩具時，我們想像他的下層腦火山爆發，而上層腦束手無策，其嚴重度較之大人為甚。我們的大腦皮質要到25歲之後才真正完全成熟，因此常有人形容幼兒「盧」、青少年「灰」，這從青少年衝動惹事的新聞數量就可看出端倪。

情緒腦與理智腦中間有一條連結線，稱為鉤束。你可以把它想像為消防隊的出水管線，情緒爆發時需要消防系統送水（理智）來滅火，所以一個EQ高的人出水管粗，一有火，馬上可以救火；EQ低的人出水管細，火燒得旺，水來的少。

另外，在一個研究腦傷的核磁共振攝影掃描追蹤報告也發現，如果情緒與理智連結的鉤束因腦傷受損而變小，那麼在往後的追蹤測驗中，其情緒調節力會低於鉤束沒有受損的病人！所以這個連結的線路確實是與EQ相關的！

上下層腦連結的神經「配線」（鉤束）需要時間形成，但卻非只靠時間就能達成。這種鉤束的形成與固化需要後天經驗的學習。科學家一再證明，上下層腦的連結是可以被訓練的！理智與情緒的通路夠不夠暢通也是可以被教導的，後天環境有很大的影響力。學的好，水路通暢；學不好當然「遠水救不了近火」。

證據會說話

「情緒教養」使情緒腦與理性腦發展較好

不光是神經連結可以訓練加強，其實構造本身也會因後天經驗而改變。例如一些被虐待的孩子，其情緒腦的杏仁核（生氣中樞）就比較大，而新腦就比較小。其他一些研究也發現，連基因都可以因後天不同的對待而彰顯或隱匿，所以有些具焦慮或害羞基因的孩子，也可以因家庭教養而改變性格，變得不焦慮或大方了。

運用後天教養來使整個情緒腦與理性腦發展較好的教養方式就稱之為「情緒教養」。情緒教養的目的，與協助孩子溜滑梯、騎三輪車、拉小提琴或彈鋼琴一樣，只是我們要幫助他們的部位由運動神經、手部肌肉或聽覺系統，轉到情緒與理智的系統。

那先天因素呢？父母親最常說的就是：「都是我生的，怎會個性差這麼多？」高EQ的先天因素是存在的，所以氣質是EQ的變數之一。過去也曾有科學家在研究荷蘭一個幾乎人人都有重罪紀錄的家庭之後，以為能找到犯罪基因，但很快被推翻了！因為這個家族都有的基因，在許多人身上也有，不過其他人的犯罪率並不特別高，但是這個荷蘭家庭環境顯然使得有這個基因的人發揮了犯罪的天賦。所以得到的結論是，基因的表現是可以因成長環境而發揚光大或隱匿不顯。可以見得，情緒教養可以改變大腦連結網路，情緒腦構造與理性腦發育，還可以影響某些基因要不要表現出來，真的影響很大。

爸媽還可以這樣做

若要使下一代的情緒腦與理智腦溝通良好，成為高EQ的人，一定要重視後天的情緒教養。

1. 建立情緒教養是教養之心的價值理念

如果父母可以及早建立自己的教養價值系統——相信一個人的幸福快樂與EQ最有關係，而非財富或學識，那麼自然而然的就會把焦點放在培養孩子的情緒調節力。例如，當父母陪著孩子讀故事書，不會把重點放在孩子記住多少知識、學到多少字；而是會留意孩子的情緒訊號，像是是否興趣盎然，還是意興闌珊？同理孩子的身心狀況，再順勢而為；並在孩子失敗時，深刻體會沮喪的心需要先被理解才能找出解決辦法而不是取笑、責罵或看輕他。事實上，家長一旦建立起情緒教養的價值信念後，做法自會跟著而來。

2. 情緒教育要從嬰幼兒期開始

因為情緒發展就是這麼早，所以情緒教育更應該從嬰幼兒期開始。譬如我們知道爬行對孩子運動機能發育的重要，因此就會鼓勵他們多爬；我們也知道認知能力需要刺激，所以就會經常與他們玩遊戲。那麼情緒發展也始於嬰兒期，我們怎麼可以不管它呢？就從最初始的情緒——哭開始吧！仔細辨識哭聲的種類，了解寶寶挫折的原因，把頻率對好再處理，讓孩子學到雖然情緒隨時會來，但會有方法可以調節。

情緒教養重點

- 情緒教育影響腦部結構（杏仁核、前額葉），情緒腦與新腦的連結（鉤束），以及一些基因的表現。
- 情緒教育愈早愈好，對整個情緒腦構造及連結系統都有幫助。
- 情緒教育需要學習與練習——學習情緒發展的來龍去脈，練習情緒教育的做法與技巧。
- 嬰幼兒期就是父母的情緒教育操兵演練期。
- 成人應學習情緒教育並多多練習情緒教養方法。

♛ 學校課程應加入社會情緒教育，才能與家庭合作達到最大化情緒教育的成效。

教養叮嚀 發現了嗎？經由後天的教養來改變大腦的結構絕非天方夜譚。大家加油了！

PART

3

再說軟體

了解孩子的內在情緒，正確引導

嬰幼兒的情緒發展

處理嬰幼兒情緒，要用對方法

案例

中午，小芬與幾位女同事吃飯，期間她突然想到最近家裡發生的一件事，便提出來與同樣為人母的同事們討論。

「白天都是公婆幫我帶小孩，他們很好，也很疼孩子。但前幾天發生了一件事，讓我感到有些憂心！那天我們家大寶不小心在客廳跌倒，這時公婆馬上抱起他然後用力拍打地板，並對大寶說，地板不乖，害寶寶跌倒！我們打不乖的地板，大寶不哭了喔！」

「我家兩老也是這樣耶！孩子撞到桌子，就說桌子不乖！撞到椅子，就說椅子不乖！」可欣頗有同感。

「上次帶寶貝去醫院打預防針，婆婆心疼寶貝因為打針嚎啕大哭，竟然當場安慰他說，都是護士阿姨不乖，等一下我們來打打！當場我看到護士無辜的表情，真的覺得很不好意思。」逸如無奈地表示。

「沒想到為了安撫小孩，長輩都會用這招。但長輩這種做法可能會使孩子認為，千錯萬錯都是別人的錯，不高興或傷心時就可以指責別人。」小芬說。

「沒錯！以前我家小的很會哭，所以我習慣護著小的。加上上班一整天也很累，只想快速處理孩子的問題，所以每次小的來告狀，我就會罵哥哥，這樣就能馬上平息紛爭。一直到某一天我突然發現，她已經不告狀了，直接自己對哥哥開罵，感覺就像是我的翻版。這時才驚覺問題大了。」可欣懊悔的講述這段往事。

孩子跌倒時傷心挫折、打針疼痛委屈，這些都是正常的情緒反應，為什麼我們大人卻拼命干涉，要讓這些情緒反應消失呢？

照顧者左右了孩子的情緒發展

孩子出生後，什麼時候開始有情緒的呢？我在許多課程裡問到這個問題時，多數媽媽們都認為，孩子一出生就有情緒，因為孩子一出生就會哭，哭就是「傷心」的表示，同時也是情緒的一種。可是新生兒的哭一定是情緒反應嗎？會不會是某些生理現象的反射呢？其實不只一般人這樣懷疑，科學家也很難回答這個問題。

但可以確定的是，孩子大約滿月左右，即有愉悅與挫折的初始情緒，而接下去的情緒發展更是快速！在5～7個月大左右，他們已經具備六種基本情緒，包含害怕、喜悅、生氣、傷心、厭惡、驚奇。到1歲半到3歲間，複雜情緒，又稱自我情緒，如：尷尬、羞恥、愧疚、羨慕、驕傲等等也逐步出現，而這些情緒會傷害或強化自我感覺，此時這些小人兒已經愈來愈不單純了。

★ **基本情緒**：高興、生氣、驚訝、感興趣、厭惡、沮喪、悲傷、害怕等等。「**基本情緒**」是所有人類共通的表現，5～7個月大的寶寶即可發展完成。

★ **複雜情緒**：尷尬、羞恥、愧疚、羨慕、驕傲等等，又名「**自我情緒**」，因為這些情緒會傷害或強化自我感，約在1歲半到3歲之後開始浮現。

值得注意的是，基本情緒是生物性的，沒有種族差異、是全人類共通的，因此非洲人表現的快樂或悲傷，與白種人或你我的快樂悲傷是無分軒輊的！我們人類會為什麼事感到興奮或憤怒也很一致，因此人類可以在現實面或心理層面互相溝通了解。

但是複雜情緒則不然，與我們的生長環境有很大的關聯性，受父母或主要照護者的態度影響很大。

證據會說話　環境與時間，會影響自我意識發展

科羅拉州大學做了一個實驗，研究針對兩歲孩子在面對同一事件時是否會產生不同感受（羞恥感與愧疚感）與做法。

和藹可親的阿姨給了寶寶一個可愛的娃娃玩，然後離開（陷阱是這個娃娃的腳並不牢固）。寶寶玩著玩著，就在腳掉下來之際，阿姨推門進來，這下怎好？兒童發展學家仔細觀察孩子們的反應，他們觀察到兩種複雜情緒：羞恥感與愧疚感。

孩子在實驗中出現了兩種不同反應：其中一種類型的寶寶，看到阿姨進來會弓起身子、背向阿姨，不敢有眼神的接觸，感覺很痛苦，好像希望這事從來沒發生過，也最好不要有任何人發現，簡單說就是試圖逃避。

另一種類型的寶寶，看到阿姨進來則立刻展示壞掉的腳給她看，並試圖修復。雖然這些寶寶看起來也很挫折，不過直接面對問題時反而顯得舒坦。

實驗結果，有人選擇逃避、有人選擇面對，為何會出現兩種截然不同的結果呢？逃避者希望事件自動消失；面對者則想要解決問題。逃避者產生的就是羞恥感，面對者則產生愧疚感。平常若不仔細想，會以為此二者並無不同。

不過從這個實驗告訴我們，它們不但不同，還大大地影響自我感受。逃避者覺得自己闖禍，是個不好的孩子；而面對者對自己的感受並不負向，還願意設法彌補。研究也顯示，羞恥感和憂鬱症，成癮與暴怒的發生極為相關。複雜情緒的萌芽代表著孩子開始有自我意識，可是這個意識如何變化，父母則扮演一個很重要的角色。因為環境滋養加上時間培育因素，將會使自我意識發展有了加乘效果。

爸媽還可以這樣做

1. 留意自己對孩子成功或失敗時的反應

簡單說，孩子感到驕傲或自卑的程度，依父母對其成敗反應而定。如果父母在孩子成功時，予以有效的讚美，他會肯定自己的努力與收穫，並再接再厲！如果孩子成功時，父母不理不睬，或只是空泛的應付「你很棒」、「好厲害」，孩子會找不到自己的定位，也不知未來方向為何。有時候還會因為父母空泛的讚美，害怕自己下次就「不棒」、「不厲害」，而變得不想再嘗試。

如果父母在孩子成功之際做出有效的讚美，具體描述孩子做到的事實，再加以歸納方向，孩子就會願意朝目標前進。舉例來說，孩子考了一百分，如果你說「你很聰明」，孩子固然高興，但也許會害怕下一次考不到一百分就不聰明而患得患失。如果你說，「這次的考試你很努力複習，也都理解了，真的很棒！」對孩子而言，你讚美的是他的努力，一百分的意思也只是「全都努力理解了」，與他聰明與否無關，如此一來，他就會更願意努力學習。

相反地，如果父母在孩子失敗時予以支持鼓勵，讓孩子知道失敗不是件不可逆的事情，只要繼續下去或改正方向，父母都會支持；如果一遇失敗就被責罵、諷刺、譏笑，那麼孩子的反應從憤怒、羞恥到放棄都有可能。

2.留意自己對孩子犯錯時的反應

孩子愧疚或羞恥的程度也依父母對違規犯錯的反應而定，如果孩子弄壞玩具時，父母習慣性責罵孩子，也就是「對人不對事」，例如說「你就是這麼壞、這麼不聽話！」聽在孩子耳裡，就是「你是一個壞孩子」，時間一久，他就會相信這個「壞孩子」就是我！

如果父母換個方式「對事不對人」，改說：「玩具壞了呀！那寶寶可以怎麼做呢？」這樣孩子產生的是一種「愧疚感」，知道自己做了一件不好的事，但卻可以去彌補，而不是「我是一個壞孩子」的羞恥感。又例如當父母在孩子成功堆疊積木時不予理睬，卻在失敗弄出聲響時予以喝斥，那麼孩子對自己的存在價值當然沒有信心，也因此容易感到自卑。

3. 了解情緒發展里程碑

複雜情緒對孩子未來怎麼看待自己是很重要的。因此家長一定要花些心思來了解孩子的情緒發展，而不光是聚焦在動作發展或認知發展上，更何況複雜情緒與周圍環境極其相關。（請見左頁「情緒發展里程碑」）

4. 經常反思說了什麼？做了什麼？可能會有什麼影響？

從以上的實驗結果來看，先前小芬的擔心與反思是有必要的。孩子跌倒了就打地板，等於沒有深入思考如何協助孩子面對挫折的情緒。如果爺爺奶奶可以換句話說：「寶貝你跌倒了很痛吧？難怪你哭得如此傷心了！記得以後要慢慢走才不會跌倒喔！」這樣的態度會不會好多了呢？扭轉代代相傳的因循式教養需要自己經常的反省。

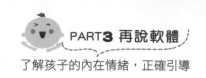

情緒發展里程碑

0～2 個月	挫折、滿足、漸漸有笑意、漸漸好奇，開始會自我安撫——例如吸吮奶嘴
3～4 個月	主動笑，漸漸因不如願而生氣，好奇心增強而互動增多
5～7 個月	快樂、悲傷、生氣、好奇、厭惡、害怕都越來越明顯，開始對陌生人焦慮
8～9 個月	以上情緒強度加大，焦慮感也加大，開始有分離焦慮，好惡變得明顯
10～12 個月	害怕的事物增多、開始會拒絕、自我意識開始萌芽、挫折加重、開始主動尋求快樂
12～18 個月	分離焦慮明顯，但更好奇探索、暴怒、快樂興奮、幽默感漸生、主動尋求快樂
18～24 個月	上述情緒明顯且加劇，自我意識明顯、成功時感到驕傲、失敗時感到羞愧、羞恥、羨慕等
24～36 個月	基本情緒與複雜情緒都越發明顯、好惡分明、可以同理安慰他人的情緒

情緒教養重點

- 嬰幼兒的情緒發展既早開始又迅速發展。
- 嬰幼兒的情緒發展相當複雜。
- 嬰幼兒很早就可以與照護者的情緒共鳴。
- 複雜情緒與自我發展極為相關。
- 嬰幼兒周遭的每一個人都很重要。

教養叮嚀 發現了嗎？嬰幼兒的情緒發展史進展的非常快，如果沒有多加了解，孩子的發展一定會讓父母措手不及！

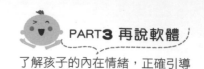

你我氣質不同
教對了，孩子的先天氣質可以改變

案例

許多人成為父母後，便會將自己無法實現的夢想投射在孩子身上，這大家應該或多或少都有經驗吧?!

志祥個性爽朗，樂於與人交往聊天，偏偏兒子阿寶卻很害羞，遇到人總喜歡躲在父母背後，也不肯開口向長輩打招呼。面對這樣的情況，志祥經常覺得尷尬，阿寶的表現總是不符合他的期待。因此志祥常會對孩子說：「叫阿姨！怎麼那麼害羞啊？」回家之後，志祥還會再次訓誡孩子，不叫人很沒有禮貌，但阿寶下回遇到相同情境時，卻反而更緊張。

而美芬個性文靜內向又不擅言詞，但孩子貝貝卻總抓不住，衝來衝去搞破壞，弄得她一個頭、兩個大，忍不住怨嘆：「明明是我的小孩，怎麼個性差那麼多？」

有著一對雙胞胎的艾玲也納悶：「雙胞胎不是基因最相像，怎麼我家這兩個個性南轅北轍，差那麼多？」

孩子個性不同是必然的！如果你有一個活潑好動的孩子，教養他一定與另一個害羞敏感的寶寶不同，父母不能用比較的方式：「我們家這個，怎麼不像別人家的一樣好帶？」弄懂孩子的「氣質」，是做父母首先要學習的事。

孩子的先天氣質是會改變的

寶寶的九種氣質

一九六〇～一九七〇年代，有兩位心理學家，Stella Chess 和 Alexander Thomas 用9個向度將孩子的氣質分類：

1. **活動量**：有的孩子也許像跳跳虎一樣，動個不停；有的則害羞文靜、不喜引人注目。
2. **規律性**：有的孩子特別好帶，什麼時候睡、什麼時候吃，家長可以好像軍隊帶兵一樣，十分好預期；有的則不按牌理出牌，搞得父母人仰馬翻。
3. **適應性**：有的孩子到新的環境很久還是無法融入；有的孩子則「你家就是我家」一般自若。

4. **趨避性**：第一次見到新事物、新地點，孩子是喜「趨」還是喜「避」？可以與陌生人打招呼嗎？容易接受新的衣服、玩具、場所嗎？

5. **反應強度**：有的孩子對某些事物的反應，看來「超誇張」，同一個場景，總有孩子哭的最大聲或最久，或笑得比誰都快樂；有的則面無表情，令人猜不透。

6. **主要情緒**：與大人一樣，總有人凡事正向以對；也有人終日愁眉深鎖。有的孩子總是歡歡喜喜，也有的看起來總是「拗嘟嘟」或「氣呼呼」。

7. **堅持度**：有些孩子好像生來與父母比賽「毅力」，很難轉換情境，例如：一旦進入玩耍模式，要他離開很困難；也有孩子「很好商量」，玩遊戲或做事不堅持也不持久。

8. **分心度**：有的孩子很容易用不同的東西取代他正在玩的東西，或很容易被其他聲響吸引；有些則否。

9. **敏感度**：也有稱為「反應閥」，意思是容不容易感受外界情境影響而變化。一個敏感度高的孩子，可能尿布只濕一點點就大哭；敏感度低的孩子也許大便一大包，還是笑咪咪。

依不同氣質分類

這9個向度高高低低、大大小小，每人不同；然後排列組合成獨一無二的個體。依照上述向度，他們將孩子大略分為3～4類不同氣質（近年來因為過動兒漸漸受到重視而被列入，這裡分為4類）。

1. **好帶型（向日葵寶寶）約佔40%**：情緒平穩安定，容易接受新事物，生活較有慣性，比較好預期，好像向日葵一樣，好養好帶，又比較笑臉迎人。
2. **磨娘型（玫瑰寶寶）約佔10%**：情緒起伏大，易怒、好動或反應激烈，生活較無規律性，比較難預期，像玫瑰花一樣帶刺。
3. **慢熱型（蘭花寶寶）約佔15%**：比較不愛動，對新環境、新事物適應緩慢，且反應相對平緩，好像慢開卻持久的蘭花一樣。
4. **好動型（蒲公英寶寶）**：有些學者認為還應加上這一型，因為過於好動，注意力太不集中，好像蒲公英一樣遍地開花。

當然還有許多是介於中間的型態，難以詳加分類。

證據會說話　後天環境與教養都會影響氣質

氣質無關好壞，就是不同而已，但有沒有可能會改變？難道出生就決定一切了嗎？答案是會改變的！後天的環境與教養都會影響氣質。

李察戴維森博士（Dr. Richard Davison）在《情緒大腦的秘密檔案》（遠流出版）中談到，基因所主導的特質不一定會顯示出來；其實還是有很大的改變空間，是受什麼因素影響呢？答案是：後天的環境。

他們做了一個長期的實驗，針對70名3歲的孩子做長達6年的追蹤，孩子們3歲時根據他們與機器人的互動反應，分為害羞（蘭花型）、大膽（向日葵）與中間型3種。因為過去科學家們認為，害羞是最不會改變的氣質特色，所以李察戴維森博士特別以「害羞」氣質來測驗，看究竟會不會改變。

當這群孩子在9歲時回到實驗室接受行為觀察與測量之後，卻發現只有三分之一的孩子從頭到尾留在同一組，也就是有三分之二的孩子「換組了」！有的由原來的害羞組換到中間組，有的由大膽組換到中間組了！實驗裡還包括腦波檢查與核磁共振攝影掃描，也顯示出相同的結果，也就是三分之二的孩子氣質改變了！而且連大腦都變了！

害羞如何變為大膽，大膽又如何變為害羞呢？他們試著從這些氣質改變的孩子找出原因，發現影響來自環境因素，包括：日常生活環境（有愛心的師長、交互影響的手足），或個別生活經驗（周遭環境的劇變，如死亡或凌虐）等等。一個大膽的孩子可以因為父親重病進出醫院終至死亡，心生憂慮與恐懼，從而變成一個膽小害羞的人。另一個害羞的孩子則能在師長的包容鼓勵與手足的帶領下，逐漸轉到中間組。後天的環境與教養的確影響氣質，連一向被認為最不會變動的害羞氣質也不例外。

爸媽還可以這樣做

1. 花心思了解孩子的氣質

台大兒童精神科高淑芬醫師統計一九九〇年台大兒童心理衛生中心初診個案的診斷，其中有23%的個案並不符合精神疾病的診斷，而其所以發生問題是因為親子之間氣質特徵不一致，因而導致管教和行為問題。孩子的氣質特徵確實會影響父母的管教態度，增加父母的挫折感，以及影響孩子的人際關係，因此了解孩子的氣質主要是在協助家長「知己知彼」。

父母如何察覺孩子的氣質屬性呢？舉例來說，不妨問問自己：

❶ 你喜歡見到許多新朋友嗎？還是見到陌生朋友會讓你有些焦慮？

❷ 去陌生地點遊歷令你興奮？還是你寧願安靜在家？

❸ 你喜歡生活中充滿意外的驚喜？還是你寧願一切按部就班？

❹ 你總是笑臉迎人嗎？還是你奇怪為什麼會有人老是笑嘻嘻？

❺ 遇到鄰居你會主動聊天？還是你總希望是一個人搭電梯比較清靜？

❻ 你覺得你「識時務」嗎？還是朋友總說你太白目了？

父母可以問自己上述的問題，同時也依此觀察孩子，如此一來，對自己或對孩子就會有一個簡單的輪廓。當然也可以進一步與氣質的9個向度做連結，就會得出更清楚的樣貌了！

2.不要標籤化孩子的氣質

不要隨隨便便就標籤孩子的氣質行為，因為事出有因的這個「因」也許是出在爸媽身上，因為爸媽沒有負責任地去瞭解孩子的氣質傾向。爸媽若對「天生氣質」沒有概念，可能動輒說，

「孩子真的有夠皮，以後上學可能坐不住」；或是「孩子脾氣很扭，每天都是生氣王子」。但這樣貼標籤對孩子的情緒教養，並沒有幫助。

案例中的父母分別養育與自己氣質完全不同的孩子，他們所花的時間與照料方式自然有所不同，生性活潑、個性外向、善於交際的爸爸如果沒有體認到這一點，經常責備害羞內向的孩子，就會在親子互動中給孩子許多壓力，也許將使得他更加膽怯；如果可以不逼迫孩子，同理他緊張害羞的情緒，先從他較熟悉的長輩開始打招呼，並在恰當的時候給予讚美，效果一定好多了。

如果父母沒有體會跟孩子彼此氣質上的不同，而給孩子貼上「真是令人頭疼的孩子」的標籤，也一樣干擾了孩子的自我感受。

3.了解孩子的氣質，幫助孩子融入群體

了解孩子氣質的意義在於，協助父母對孩子的天性有更深入的認識，然後用對的方法幫助孩子更融入團體，從容的由環境中獲得滋養，長成身心健康的孩子。

這並不是說父母要努力去改正孩子的氣質。以前述為例，害羞的孩子一定要改變成爸爸期待中的善於交際嗎？不然。有許多慢熱害羞的孩子也可以自得其樂，在自己的舒適圈過得很

好！師長們要視孩子的氣質表現與整個環境的互動程度來決定如何協助他們。例如若是太過害羞，可能在現今社會生活會是一個困難，那麼家長就應在同理其氣質基礎上，逐步給予指導。

情緒教養重點

- 氣質無關好壞。
- 勿標籤化個人氣質特色。
- 尊重個別差異。
- 勿使成人情感需求扭曲孩子成長。

教養叮嚀 深入了解自己與孩子，找出家人間的異同！發現了嗎？用心就能找得到！

你的愛屬於哪一型
依附關係愈安全，孩子才有勇氣探索！

案例

森林裡有四個小孩，A寶、B寶、C寶與D寶。

A寶家有一個食物煙囪，就像聖誕節時聖誕老公公會由煙囪下來送禮一樣，只要A寶餓了，按下按鈕，食物就會掉下來，從不失誤。因此A寶愉快的在家玩耍，也經常出去溜達串門子！反正餓了，家裡一定有食物！而且食物種類豐富，健康又營養，A寶很放心也很快樂。她成家後也給自己的孩子蓋了一間房子，裝了食物煙囪，希望孩子如她一樣過得很幸福。

B寶家也有一個食物煙囪，但是無論他怎麼按，絕大多數都拿不到任何食物，就算偶爾掉下了食物，也都是冷冰冰的隔夜菜。所以B寶寧願自己出去覓食，食物煙囪對他來說只是可有可無的裝飾物而已。B寶到了適婚年齡時並不想成家，他只想重新蓋一間房子，再裝上一個食物煙囪，B寶認為靠自己最實在，所以新的食物煙囪從畫圖、設計、監工、製造通通自個兒來。

C寶家的食物煙囪經常失靈，每隔一、兩天就會罷工！不得已，C寶有時候即使不餓也會跑去按一下，看能不能多累積一點存糧，免得哪天煙囪又罷工。C寶經常感到不安，她習慣有事沒事就去按一下食物煙囪，所以家中總會有一些快壞掉的食品貯存著。等到C寶婚後新建了一個家，也裝了食物煙囪，但她還是不改老習慣，下意識地經常按按鈕，確認有沒有食物，有時候食物出來的速度慢一點，她就非常焦慮；食物若不合她的意，C寶也很容易發脾氣。

D寶就更加可憐了，他的食物煙囪幾乎是壞的，無論他怎麼按，絕大部分的時間是沒有食物掉出來的。更慘的是，還經常無預警地掉落一些石頭，弄得D寶一身傷，因此D寶對食物煙囪一點好感也沒有，有時候當D寶在外尋找了一天食物以後，回家看到煙囪，便會惡狠狠地瞪它，偶爾還會過去踢它一腳。當D寶長大後離家，自己也蓋了一間新房子，但房子內可完全不想再設食物煙囪了！

依附關係影響孩子成長

現在我們把這個食物煙囪換成愛的煙囪，從煙囪裡下來的是父母的照顧與愛心。

A寶父母給的是安全健康且從不間斷的愛，所以形成**安全型依附**（統計上佔65％）；B寶父母給的是冷漠的回應，形成逃避型依附（佔20％）；C寶父母給的是一種陰晴不定、時給時不給的不確定愛，因此形成矛盾（焦慮）型依附（佔10～15％）；而D寶父母最糟糕，還會忽略、責打，甚至虐待孩子，形成的是錯亂型依附（佔10～15％）。而上述四種親子關係，除了A寶是安全型依附外，其他三種都屬於不安全型依附。

兒時與長期照護者（大部分是父母）形成的依附型態，因其模式塑造時間相當長久，又處於孩子大腦成長最重要的階段，所以影響非常深遠，經常會影響他的價值觀以及未來建立自己家庭時的態度。

證據會說話 **依附關係愈安全，孩子愈有勇氣出去探索**

依附理論演變到現在，至少歷經三代科學家了，由這項研究，將可幫助父母更了解孩子，與孩子建立良好的親子關係。

早期的依附理論宗師是英國的約翰鮑比（John Bowlby），在擔任醫學生志工時期遇見一位母親經常不在身邊的青少年慣竊，其行為表現非常缺乏情感、冷淡且孤立，這引起他的好奇。

爾後他陸續觀察到二次世界大戰時，眾多流離失所、蜷曲在孤兒院的孤兒們，以及為逃避敵軍空襲而不得不與母親分開的兒童。這些孩子在與母親分離後表現出抗議、失望、焦慮與漠然令他大吃一驚，於是他在一九六〇年提出依附理論，說明母親與孩子的親密連結，在孩子成長過程裡的重要性。

他的依附理論闡明，這種母子的強烈連結源自於演化所需，因為未與母親產生連結者容易成為掠食對象，並且這種關係若失常，可能導致嚴重的情緒問題。換言之，依附關係不只是生存所需，也是美好生活的起點。

我們現在看來理所當然的結論，在當時可不是「想當然爾」！那個時代愈是有錢人家，親子關係互動愈少，一個孩子一個奶媽的比比皆是，連鮑比本身也是如此。當時普遍的信念是：過多的愛只會寵壞孩子！孩子應該與父母分離加以訓練才對。

接著，鮑比的加拿大學生——安妮思沃斯（Mary Ainsworth）用簡單又聰明的陌生情境實驗證明了鮑比的理論，而且還擴展了依附理論的廣度。她的實驗是觀察孩子在母親離開後，如何與陌生人互動；接著觀察母親回來後，孩子如何與重逢的母親互動，以及其後兩人如何一起與陌生人再度互動所得到的結論。

安妮思沃斯根據實驗結果，不但分析出不同的依附型態，還指出安全依附就是安全堡壘！只有依附關係愈安全，孩子才愈有勇氣離開母親出去探索！如果把彼此的愛比喻為連結在父母與孩子身上的一根繩子，那就是愛愈多、繩子愈長愈堅固，孩子的探索範圍愈遠。

她還指出發展安全依附關係的重要條件是：母親要能敏銳地讀出孩子的需求訊號，也就是，父母要用心！若鎮日惶惶然不知孩子的內心世界，則無法形成好的依附，有時反而成為愛的牢籠，而使孩子無法向外探索。

第三代的依附理論科學家瑪莉緬因（Mary Main）做跨世代的依附關係研究。她發現依附關係所形塑的心理運作模式的的確確影響過去、現在與未來。緬因的研究中較廣為人知的是成人依附關係面談，在這面談中，成人針對自己兒時的親子關係回答問題，並思考這些經歷的影響。結果緬因發現這個訪談結果，竟然可以相當準確的預測這些成人未來與自己孩子的依附關係。所以依附關係是會跨世代影響的！

依附理論修正佛洛伊德式的親子關係論，不再是有奶便是娘，親子關係不只是口腔期的滿足而已。成人對孩子關懷的敏感度關係著孩子安全感的建立，這與奶一樣重要！

緬因的第三代的依附理論也解除某些人在兒時沒有形成安全型依附的焦慮。她的研究顯示，即使過去是在不安全型依附型態下長大，但是在往後邁向成人的道路上，如果反思過去不安全的依附關係對自己造成的影響，從而修正路線，未來仍會與自己的孩子形成安全的依附關係！

爸媽還可以這樣做

1. 認真了解依附關係的影響

安全型依附的孩子有安全感，情緒調節最好，而且能有較多正向情緒，探索環境的能力也較好；而不安全型依附的孩子則依據型態不同，有的較冷漠，有的焦慮或對他人信任度低等等不一而足。

也許有人會問：這麼說來，父母的愛要持續不斷、時時供應、綿延不絕？如此一來，有沒有造成「溺愛」的可能呢？這個問題也可以由食物煙囪來想一想！如果出來的食物都是孩子愛吃的零食，他們也許因為不懂而高興得很，但這是父母該做的嗎？這就是沒有原則的「無限供應」。但是如果你準備的食物都是健康營養、符合身體需求的，那就不會有問題了。愛的煙囪亦同此理！

父母的回應與孩子的依附關係形成

依附型態	佔比	孩子的情況	父母回應孩子的態度	對孩子的影響
安全型依附	65%	有安全感、喜歡探索、快樂的	＊快速、敏感一致	**孩子相信自己的需求會滿足**
逃避型依附	20%	不喜愛探索、比較冷漠	＊冷漠、少回應	**孩子懷疑自己的需求會滿足**
矛盾型（焦慮）依附	10～15%	焦慮、無安全感、生氣的	＊不一致 ＊有時敏感、有時冷漠 ＊如何對待孩子是依成人自己的需要，而非孩子	**孩子不相信自己的需求會滿足**
錯亂型依附	10～15%	抑鬱、生氣被動、無反應茫然、冷淡、充滿敵意、暴怒	＊極度善變，有時有暴力 ＊使人或自己恐慌 ＊被動或過度介入	**孩子對自己的需求會滿足與否十分混淆**

好的食物煙囪要讓孩子放心、可以信任，而且還要出現健康美味的食物，不光是如此，適時適量也才有益身心。更進一步說，安全型依附是在充滿愛的環境裡，設下該有的界線、該遵守的規矩，讓孩子將來在社群裡知所進退，滋養良好的人際關係。

2. 除了愛以外，還要有知識

研究顯示，形成安全型依附的照顧特質是：敏銳的（辨識出孩子的需求）、正向的、同步的（同理孩子、適時互動）、互相的（體認親密關係、專心於共同事物）、支持的，以及提供刺激與教育，單單只有愛是不夠的！要形成良好親子關係及建立安全型依附，要有知識，還要有自省力！

情緒教養重點

- 食物不能有一頓沒一頓的，孩子會營養不良，「愛」也是一樣的。
- 缺少愛的冷漠環境，形成逃避型依附。
- 有時愛、有時不愛，會產生矛盾型依附。

♕施虐的環境產生錯亂型依附。

♕敏銳的愛的環境形成安全型依附。

♕依附關係容易代代相傳，除非你反省修正。

教養叮嚀發現了嗎？反省自己與上一代的依附關係，為是否能與孩子形成安全型依附的關鍵因素！

過去如何影響未來

原生家庭依附關係影響孩子的自我價值

案例

我在心理諮商研究所實習時，曾在大學輔導室駐站一陣子。有幾個個案就是與父母的關係剪不斷、理還亂，也因此深深影響他們對戀愛對象的「趨避性」。部分原因可以追溯到他們與父母的依附關係上。

就以瑪莉莎的故事來說好了。瑪莉莎年輕活潑又美麗，尤其是那玲瓏有緻的身材更是常讓人目不轉睛。這樣的女孩照理說後面應該跟著一大群男生才是，但她卻因男友們最後都離她而去前來諮商。

瑪莉莎的男友們離去的相同理由——想要一些自己的空間與時間。抽絲剝繭之下，才知瑪莉莎有著與個人條件極為不相稱的不安全感，只要一進入戀愛狀態就開始絕命連環call，且要求對方使勁宣誓效忠。不僅如此，她還會像個偵探般的多方查證「口供」，必得水落石出才肯罷手，難怪男友們最後都受不了！儘管朋友都覺得她是個很甜美的女孩，她卻總是覺得配不上別人。

另外一個女孩雷秋，則是被交往許多年的男友傷透心。雷秋很喜歡男友，而男友對她也不錯，但只要雷秋主動表現出親暱，他馬上「退避三舍」，更別提雷秋的婚約暗示，男方往往當作沒聽到，讓雷秋頗為受傷。對此雷秋十分困窘與迷惑，好像只要一觸及建立家庭，男友瞬間就從原來相吸的磁鐵變為相斥……

還有一個研究生比雷秋被男友傷得更重。寄發了婚禮邀請函，一切看似準備就緒，最後竟然發生新郎叛逃事件。她完全不能理解箇中迷團，最後認為可能是自己不夠好，才會導致男友臨陣脫逃，情緒也因而盪到谷底。

成人間的依附關係，其實與兒時親子依附關係有很深的關聯。當然類似的事情發生，不盡然都與原生家庭依附關係有關，不過這卻是一個重要的可能性。要發展出穩定且具安全感的關係，有時候必須要從反省親子依附關係如何影響自己的價值開始。

父母穩定的愛，使孩子有愛人與被愛的能力

孩子的依附關係

前面我們提到依據照顧者如何給予孩子愛的回應，進而產生了四種依附關係：

1. 安全型依附：照護者對孩子愛的回應快速敏感且一致，不會今天高興就對孩子特別好，明天不高興就打罵。
2. 逃避型依附：缺乏愛的回應，照護者冷漠，孩子大部分的時間只有自己。
3. 矛盾型依附：愛的回應多變而不一致，孩子弄不清楚何時照護者會愛他，何時會討厭他。
4. 錯亂型依附：不但沒有一致性的愛的回應，還經常夾雜著體罰、恐嚇、忽視或虐待。

成人的依附關係

孩子在與照護者的長期相處中，會逐漸架構出與他人建立關係的心理運作模式，然後在成長過程中慢慢內化成自己的一部分，成為人際關係發展的雛型。事實上，成人的依附關係也可以分成4種：

1. 安全型依附：可以放心被愛也可以愛人，可以依賴他人也可以被依賴。這種人不會懷疑他人對自己的感情、不害怕與人交往，也不擔心被遺棄。

2. **淡化逃避型依附**：不怎麼相信他人的感情，認為靠自己比較實在，如果感情關係變得親密時就會想逃。

3. **焦慮矛盾型依附**：既期待又怕受傷害。老是擔心對方不愛自己，東想西想還兼疑神疑鬼，對自己是否值得被愛也沒有信心，覺得自己掏心掏肺，最後卻總是等不到相同回報，心中充滿焦慮矛盾。

4. **恐懼逃避型依附**：關係一旦轉為親密就覺得不舒服，不相信自己會有人愛，也不相信自己可以與人產生親密關係，基本上對於人我關係會感到恐懼。

依附關係對一個人的影響真的可以用「勾勾纏」來形容。如果小時候父母給你愛的回應是一致的，以後你就會有愛人與被愛的能力，且對自己及別人的看法也都是正向的。如果父母對孩子經常冷漠以對，那孩子成年後就不容易相信他人、只相信自己，也會質疑人間是否有真愛。

如果父母對孩子的態度時熱時冷，易讓他們摸不著頭緒，這樣的孩子長大後容易變成一個「討愛」的人，因為過往經驗會讓他對愛產生不安全感及焦慮，所以想要緊抓住眼前的愛。如果過去親子關係充滿負面經驗，成年後一旦親密關係滋長，他就會本能地會想逃避，態度既趨又避，處在矛盾中，這也易使另一方無所適從。

證據會說話　檢視不良依附關係可避免世代影響

我們可以將成人依附關係粗淺的歸納如下：

瑪麗・緬因（Mary Main）博士的研究補綴了兒時親子依附與成人依附的縫隙，使我們得以一窺其中的轉折。她於一九八二年做了一個跨世代的依附關係追蹤，分析孩子（第三代）現在的依附關係，也訪談父母（第二代）得到其成人依附型態，以及父母與祖父母（第一代）的依附關係。到了一九九五年她繼續做當年第三代（長到19歲）的成人依附型態分析。

驚人的是，父母的依附訪談（第二代）與第三代呈現的親子依附雷同性很高。然而人類的心理層面並無絕對的結果論，因為我們不是一直只留在家庭裡。我們生存的社會，小到家庭，大到學校、社區、國家以至

愛自己的能力

愛他人的能力	強	弱
強	安全型依附	焦慮矛盾型依附
弱	淡化逃避型依附	恐懼逃避型依附

整個世界，而這些無時無刻不影響著我們。在人生的任何一刻，所遇見的不同人、閱讀的每一本書、聽到的每一句話、經歷的每一件事都有可能改變我們。

親子依附關係與成人依附關係也是一樣。縱使其傳承比例很高，但仍非「若A則B」的數學題。綜合許多研究報告，我們幾乎可以說依附關係傳承的關聯性大約是「中度」相關性，絲毫不容小覷。

爸媽還可以這樣做

1. 深入你本身的依附關係

什麼是改變成人依附的重要關鍵？答案是「習得的安全依附」。你可以因為不想成為原有不安全型依附的受害者，而從其他的互動與經驗來「習得」。

瑪麗・緬因（Mary Main）博士從她的成人依附訪談得到這樣的結論：你必須重新解讀你的依附關係！首先，你當然要追根究底，我的過去是怎樣？父母與我的關係如何？我有一個什麼樣的童年？它又如何形塑我這個人？然後試著與「過去」和解，賦予童年事件新的意義，接著大步向前走。

前面提到的瑪莉莎在心理治療期間，被引導回想童年時與母親的關係。她的母親可以因某件事抱她、親她，隔天卻又因同一件事罵她、打她。後來瑪莉莎逐漸了解，自己的低自信是源自於母親時熱時冷的態度。年幼的她常以為自己不夠好，所以就加倍討好媽媽，直到年長，便轉而討好男友，「絕命連環叩」只是她沒有安全感時抓住的一根稻草而已。

2. 重新解讀你的依附關係

瑪莉莎開始面對心中那個小小孩，試著重新看待母親與自己過往的關係。「我其實是好孩子、是好人，過去媽媽會如此，是因為她當時太年輕，日子壓得她喘不過氣來，而不是我不夠好……」從那時起，瑪莉莎重新省思母親與她的依附關係所造成的影響，抽絲剝繭從而建立「我絕對是一個值得被愛的人」的信念。抱持著這個信念，瑪莉莎希望未來可以對愛情關係裡的自己更有信心。

事實上，所有的父母都應該反思自己以往的依附關係，想想這些如何形塑自己，以及自己是否可做什麼改變來強化親子間的安全型依附關係。

情緒教養重點

- 親子依附與成人依附有很高的延續性，然而是可以改變的。
- 當你一再地在關係中出現相同的問題時，要反思過去可能造成的影響。
- 避免世襲不安全型依附型態，為人父母要有依附關係的認識。

教養叮嚀 發現了嗎？安全型依附下長大的父母固然容易養育安全型依附的下一代，然而在不安全依附型下長大的父母，若能解析自己的不安全依附，從中發掘真相，與內在小孩相遇再暖心擁抱，也能養育出安全型依附的下一代。

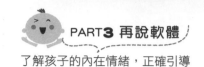

PART

4

情緒拆彈

處理嬰兒情緒，不要硬碰硬

成長必經的陌生／分離焦慮
焦慮正是啟動學習的好時機

案例

婆婆年紀大了，很難整天照顧孩子，於是白天上班前媽媽得先送孩子到保母家。可是孩子一看到保母就轉頭緊抱著媽媽，讓媽媽心如刀割。「以前寶寶什麼人都好，沒想到一看到保母就哭，搞得我也弄不清楚保母是不是值得信賴？」孩子不想到保母家怎麼辦？

＊　＊　＊

寶寶剛上幼兒園，每天都跟媽媽在校門口上演「生離死別」。寶寶就像是受驚嚇的無尾熊，抱樹幹一樣緊抱著媽媽，雖然媽媽試著撥開他的手，而老師們也硬將寶寶從媽媽身上拉開，但他卻依然意志堅定、不鬆手。幾個大人的力量最終還是勝過寶寶，他就在這樣的拉拉扯扯下被拖進入幼兒園。

「每天早上送他去幼兒園，我都覺得好心疼喔！剛開學時很多孩子這樣，但現在卻只剩我們家寶寶。該怎麼辦呢？」媽媽的情緒也跟著寶寶起伏著。

＊＊＊

「快走！趁他沒看到妳時，趕快先出門！」公婆不停催促媽媽去上班，因為每天媽媽上班前，孩子總不讓她離開家門；更正確地說，是當媽媽拿起皮包時，寶寶就開始滿地打滾了。

「乖，跟阿公阿嬤在家，睡完午覺、吃完點心，媽媽就下班回來陪妳！」本來媽媽會耐著性子跟孩子解釋，可是因為孩子總是哭哭鬧鬧，公婆於是建議媽媽偷偷溜走，但這麼做會不會對寶寶的心理有不良的影響呢？

孩子的焦慮，也感染到你們了嗎？

大部分的嬰兒在6～8個月大左右，會開始浮現對人及情境的害怕恐懼。之前被偶爾來訪的外公外婆喜孜孜地抱在懷裡、暖在心裡的心肝寶貝，開始「不從」，頭兒一轉，甚至開始哭泣，讓一心思念的長輩不免有些失落！這個生人勿近的現象我們稱之為「陌生人焦慮」。

對陌生人的焦慮約在與父母形成依附之後逐漸顯現，常令父母一則以喜，一則以憂。喜的是小孩對自己付出的愛有了回應，那種被需求的感覺多麼使人感到安慰；憂的是暫時恐怕沒有幫手可以替代照顧工作。等到孩子稍大，更加懂事時，看到媽媽換了衣服拿起皮包準備出門，就會開始大哭，這便是「分離焦慮」，大概在1歲半左右就很明顯，之後甚至可持續到小學，但每個孩子會有個別差異。

這些焦慮與恐懼原來是人類生存的武器，用以應付可能的敵人與惡劣的環境。可是現在的社會，父母急著要出去謀生賺錢，如果日日上演生離死別的戲碼，心疼之餘，還真是頗為頭痛呢！嬰幼兒小小的腦前額葉的確一時也無法發展出能夠了解「離開了還會再出現」的認知，而這個認知往往需要時間累積形成。

證據會說話 **孩子焦慮正是啟動學習的好時機**

首先解釋一下什麼是焦慮？什麼是害怕？焦慮是無明確對象、模糊、廣泛、不明確的擔心；害怕則是有具體的威脅對象。舉例來說，在暗暗的房間裡，你隱約感到不安全，而升起焦慮，其實你什麼也沒看到；但如果獨睡於黑暗的房間，卻聽到悉悉索索的聲音，再加上掠過的黑影，你就會知道有人入侵而感到害怕。但是實際上，焦慮與害怕是共生、互生、叢生的……。

更進一步來說，焦慮是缺乏對事情清楚認識而產生的擔心。幼兒會對媽媽離去感到焦慮，是因為他的認知還沒有成熟到知道媽媽一定會回來，也還沒有明確地了解到，有上學就一定有放學。此外，幼兒也因無力感而焦慮，一方面沒有足夠的表達能力可以敘事，另一方面也尚無獨立的行動力，只能依賴最親近的人。此時，如果家長因為不了解焦慮的來龍去脈，對孩子的焦慮哭鬧發脾氣的話，那焦慮又會轉成更具體的害怕，而產生更糟的加乘效果！

父母若能了解幼兒焦慮發生的原因是認知欠缺、混淆與無力感，那麼就能用同理心來看待，並想出對策來協助孩子了解情況與發展行動力！所以我們也可以正面看待焦慮，因為適中的焦慮正是啟動學習、製造與累積成功經驗的好時機，是多好的教育時刻啊！

爸媽還可以這樣做

父母要了解這些焦慮是成長過程中的正常現象，不要因為不了解而心生不耐，這樣反而會使這個過程拖得更久，以下幾個方法供大家參考。

1.孩子有「陌生人焦慮」就這樣做：

★遇到陌生人時，要有熟悉的人隨侍在側，增強其安全感。

★照護者態度要自然愉悅，不要立刻把焦點放在寶寶身上，先讓他有時間觀察環境與陌生人。社會參照力是一個很重要的概念，幼兒會依據父母親的行動來反應，例如：父母很緊張的表情會使孩子不敢繼續手邊的活動；父母談笑風生，孩子會覺得一切OK，沒什麼大不了的。

★如果是新來乍到的保母，那就更需「前置作業」。好幾天前就要按劇本慢慢演出，使寶寶對她漸漸孰悉、產生好感進而接受。

★有時候我們會遇到「很白目的陌生人」，而使孩子的信任快速崩解，因為他們餓虎撲狼似的「討抱」，掐著小臉還要前後搖一下，比孩子還萌的發出「好可愛喲」的連續囈語，嚇得孩子魂飛魄散。對這種白目的大人，父母要「預防勝於治療」。能夠的話，事先委婉請其配合；說不通的人，只好少見為妙。

★釋放消息給「陌生人」，請他先與孩子保持距離，面帶微笑，然後再慢慢靠近，甚至請他遞給孩子熟悉的玩具以示友好。

2.孩子有「分離焦慮」就這樣做：

分離焦慮常發生在媽媽將孩子送至保母家、幼兒園，或祖父母家時。其實父母親可以在事前花點心思做些「預防」功課，例如：平時就延長「消失」在寶寶眼前的時間，例如，加長上廁所的時間；或當寶寶玩得出神時，就近消失幾秒，但寶寶一尋人，就馬上出現，讓他知道媽媽有時會消失，但會再出現。常常與孩子玩捉迷藏，這也是「媽媽消失，又出現」的練習。

如果孩子有分離焦慮，千萬不要不耐煩，我常常告訴飽受分離焦慮之苦的媽媽，「別懊惱！這也許是孩子這輩子最不想離開你的時刻，未來你希望他黏著你，也許……再也沒有了！」那在與孩子分離的過程中，該怎麼做呢？

★照顧者盡量是平時就有與孩子互動的熟人。

★繼續依照小孩的常規來照顧。

★事前熟悉新環境，無論保母家或幼兒園皆然。大人小孩一起來到新環境時，父母態度要自然溫暖。

★盡量準時接孩子。如果孩子開始害怕分離，可以說明回來之後可以一起做什麼。

★如果孩子說會想媽媽，媽媽應表示同理，給他一個小東西或在手上蓋一個吻，給他一個依靠，例如，妳可以說：「要跟媽媽分開，你一定捨不得，媽媽也是。那媽媽留一個親親在你手上，想媽媽時就聞一下，就好像媽媽在身邊喔！」

★絕對不要因為他的哭鬧而威脅不愛他了。

★見到孩子時，告訴孩子你很高興又跟他在一起。

3. 孩子有其他焦慮就這樣做：

其他林林總總的焦慮呢？你可能會發現，原本再平常不過的事，現在孩子卻不敢做。譬如：不敢上廁所、連媽媽下樓倒一下垃圾都大哭；還有愈來愈怕外公外婆，看見隔壁常見的鄰居也嚇得大哭……。

其實有移動能力但無行動能力的寶寶是很矛盾的！一方面希望媽媽走開，好讓他可以自己來（想學習獨立）；一方面又要媽媽能隨傳隨到，最好媽媽還能高高興興收拾殘局。此外，幼兒還分不清生氣與愛是可以並存的，所以有不少孩子會在母親生氣後，怯怯地問：「媽媽，你還愛我嗎？」其實就是因為他分不清楚，必須不停地確認，若是父母親不明白這一點，沒有立即回應，孩子只會更加焦慮，再三確認你對他的愛。

4.孩子焦慮時這些事一定別做：

面對嬰幼兒種種焦慮，下面這些事一定不要做，父母應多用點心想想焦慮背後的聲音，你就不會跟著孩子一起焦慮了！

★不要沒有任何前置準備就離開孩子，別將他交給尚未建立信任關係的人照顧。

★別用遺棄孩子作為威脅。千萬別說：「如果你不乖，我就叫警察來抓你！」、「這麼壞，我不愛你了！」、「你不走，就自己在這裡好了！」

★別利用孩子對你的愛來使他焦慮，像是，「你哭的我頭要爆炸了！」、「氣死媽媽，以後誰照顧你？」

★別用處罰或威脅，這些將導致更多的焦慮。

★父母過度焦慮，擔心這、害怕那，也會使孩子對父母的焦慮「共鳴」起來。

情緒教養重點

- 幼兒焦慮的發生原因是認知欠缺、混淆以及無力感造成。
- 從同理孩子起步，你就會有因應對策以協助他們了解情況與發展行動力。
- 正確認識陌生人焦慮、分離焦慮及其他焦慮，並正向看待。
- 前置說明、慢慢熟悉、耐心滿滿是紓解焦慮三元素。
- 別用處罰、威脅、權威或視而不見來處理。
- 別與孩子的焦慮共鳴。

教養叮嚀 發現了嗎？同理孩子可能有的感受，並傾聽他們內心的小獨白，那麼處理嬰幼兒焦慮的方法便自然而然應運而生。

孩子的慢熱害羞
不要對孩子的害羞表現感到歉意

案例

十多年前，一位新認識不久的朋友帶著她就讀美國高中的孩子來家中拜訪，我提醒讀初中的女兒要打招呼。女兒卻扭扭捏捏輕頷一下頭了事，一時之間有些尷尬，於是我說：「不好意思！她比較害羞。」沒想到過了兩天，這位媽媽有些為難地來電，說拗不過她那在美國受教育的女兒要求，只好打電話來：「我們覺得你標籤化孩子的害羞是一件不太好的事！」這下我見識到美式想法與作風，卻也給了自己對「害羞」重新省思的機會。為什麼孩子表現的害羞，我會升起歉意？

有一個媽媽提到她自己很害羞，可是不希望孩子跟她一樣。理由是她在面對陌生人或不熟悉的活動時總感到緊張不安，相當羨慕他人能與陌生人侃侃而談，希望孩子也能擁有那種自在。可是孩子偏偏也難以融入陌生情境……

「很難耶！有時候我自己都想轉身走開。」她說。

「當妳獨自一人，或是在熟悉的環境裡是不是舒服多了？」我問。

「當然啊！可是如果透過訓練，他是不是就可以克服害羞呢？」這是她心裡最大的期望。

「所以妳覺得大方的人的舒服感，比妳獨處時的舒服感好？要不然為什麼一定要他克服呢？」我問。

「唔……也不是…，也許是可以增強競爭力，現代社會要成功，人際關係一定要好。而且我希望他能有好人緣。」她說。

真矛盾啊！我們當父母的總有些連自己都說不清楚為什麼的期待。

害羞不等於退縮

害羞與退縮有部分重疊，但卻並非畫為等號。在這裡依舊要稍微解釋一下這兩個名詞，幫助父母更快進入狀況，避免過度焦慮。害羞與先天氣質相關，但也有一些害羞是後天造成的，一些負面的經驗也可能使孩子變得害羞甚至退縮，例如：照護者沒有提供安全的依附關係；沒有社交引導以致孩子不知所措；經常被嚴厲對待或處罰而導致退縮等等。

★**害羞**：害羞是指對於新人物、新環境、新社交情境採取保持距離不輕易接觸的態度。從生物學上來看，害羞的人多半對新事物有較強的生理反應（心跳快、呼吸急促、瞳孔放大等等），所以會本能避免，或需較長時間適應，因此也可以說害羞的人在這些狀態下緊張焦慮的強度比較大。

★**退縮**：是指拒絕溝通、難以鼓勵或加溫。害羞的孩子在孰悉的環境裡可以如魚得水，給他時間就可以適應環境；退縮者則難以融入環境。

換句話說，害羞者其實是想參與活動的，只是一時還無法克服心理及生理反應，而退縮者則缺乏參與的意圖。

「我的孩子比其他孩子約多需一小時來習慣環境，才會開始玩。」——這是害羞。

「他就是不跟別人玩，都自己在角落裡。」——這可能是退縮或自閉傾向。

害羞有什麼不好嗎？根據上述，害羞並不是一種需要被「修補」的「異常」，而是一種特質！父母毋須犯下我先前的錯誤替孩子的害羞道歉，這樣做，反而使得孩子以為自己是差勁的，莫名其妙地被迫貶低自己。

如果因為父母自己不了解，總是勉強孩子「迅速融入」情境中，的確會給孩子貼上標籤，因為你正釋放一個訊息：「這樣害羞是不好的，必須改正過來！」父母過於急切地催促，有時反而將他由害羞端推向退縮端（當然有些退縮不是由害羞衍生而成的）。

證據會說話　害羞的孩子常有敏銳的觀察

我們之所以不喜歡孩子害羞，也許是認為這個特質會影響人際關係或未來發展，甚至以為害羞的人將來比較會孤獨寂寞等。但是害羞沒有優點嗎？許多慢熱害羞者，常常是敏銳的觀察者，較多的獨處時光也使得他們思慮周延或更具想像力，同時也常是最佳聆聽者。我們會喜歡大方的孩子，往往是因為反射性地將大方等同於具有自信心，是這樣嗎？落落大方固然看來比較自信，但也可能有許多隱而未見的自卑躲在裡面！

如果你的孩子屬於慢熱害羞型，請協助他對自己有信心。但是有些情況家長要注意，甚至還要就醫，因為這些狀況中隱含嚴重的發展問題：

★與他人缺少眼神接觸。

★缺乏放鬆感，隱含害怕或憤怒。

★連家人也不喜靠近接觸。

★伴隨其他發展遲緩現象。

爸媽還可以這樣做

1. 陪伴害羞孩子的時間順序

雷納德・賴利（Ronald Lally）把面對害羞幼兒時家長該怎麼做，按時間順序摘要出來，頗值得參考。

❶陪伴

❷對談

❸退場

❹ 隨侍

❺ 推進

如何應用呢？我試著以下面的情境劇說明。

孩子躲在身後，不與沙坑裡其他孩子一起玩。

媽媽：「我們一起來看看這些玩具。」↓陪伴

媽媽：「那個鏟子跟你喜歡的鏟子很像喔！像不像家裡的？有哪裡不一樣嗎？」↓對談

孩子拿起來，媽媽微笑離場，在旁不干預，讓他有機會主動參與。↓退場

孩子又丟下，過來再黏著媽媽。

媽媽：「橘色的大鏟子會不會更好鏟沙呢？要不要一起試試？」↓隨侍

孩子試試看鏟沙，母親給予鼓勵，再加入其他玩具。↓推進

2. 孩子害羞就這樣做

四要

一要：要體諒↓人人都有各自的特色！

二要：要支持↓孩子只是需要多一點的時間。

三要：要耐心↓慢慢放手，視情況幫忙。

四要：要準備↓社交對話遊戲、製造簡單的互動機會等。

3.孩子害羞時這些事一定別做：

四不

一不：不貼標籤。

二不：不催促。

三不：不為害羞道歉。

四不：不未經討論就把他放在鎂光燈下。

「來來來，彈奏一曲給大家聽！」↓

說這種話、做這種事肯定不會有好結果。

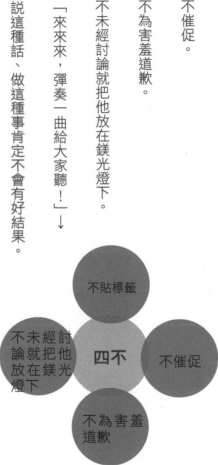

情緒教養重點

- 孩子慢熱害羞，並不是一種需要被「修補」的「異常」，而是一種特質。
- 面對孩子害羞的特質，牢記四不（不貼標籤、不催促、不為害羞道歉、不未經討論就把他放在鎂光燈下）。
- 面對孩子害羞的特質，牢記四要（要體諒、要支持、要耐心、要準備）。
- 缺乏與他人眼神接觸，或連家人也不靠近，或有發展遲緩現象則應就醫。

教養叮嚀 發現了嗎？對具害羞氣質的孩子愈催促他們愈無法融入，所以請慢慢來吧！

秒變憤怒鳥的孩子
面對孩子的憤怒表現，該硬碰硬？

案例

在公共場合裡你一定見過幼兒撒野發脾氣的場面，但父母值得稱許的處理方式還真是不常見。印象最深的莫過於一次在百貨公司地下街蛋糕店玻璃櫥櫃前的一幕……

「我要買！我要買！」大約3歲大的孩子正指著五顏六色的蛋糕叫喊。

「不可以！你剛剛已經吃一塊巧克力蛋糕了，你吃不下！」媽媽說。

「要、要、要！」那些蛋糕真漂亮，不僅小孩被深深吸引，連我都想來一塊。

「走，我們去看巧虎，那裡有巧虎！」媽媽試著轉移孩子的注意力。

「不要，不要！」小朋友硬擠在櫥櫃前，彎著身體，大哭了起來。因為哭聲驚天動地，所以引發眾人側目。

「這樣沒有用的！我不管你了！」媽媽從孩子身邊大步邁開。

因為孩子年紀還沒大到跟得上媽媽，乾脆倒地，哭得聲嘶力竭。

可是這位媽媽的意志還真是堅決，說不管就不管，一溜煙便不見蹤影。於是眾人把焦點放在孩子身上，七手八腳想幫忙，有些人抬頭想找媽媽，有些人也四處張望。

此時媽媽突然現身：「不要理他！每次都順他的意，以後怎麼教?!」

眾人略顯尷尬，留下在地上打滾的孩子。

父母處理的方式決定孩子如何調節抒發情緒

幼兒大發脾氣，猶如爆炸小球、生氣王子般打滾耍賴，大人究竟該開戰還是投降？有句話是這樣說的：「兩歲孩子連貓狗都嫌。」之所以會這樣說，原因是此階段的孩子，經常這樣也不要，那樣也不行，不擇地皆可哭鬧，讓父母摸不透孩子的心思，一個頭兩個大。

學步兒階段是自我意識開始萌芽的時期，可是因為此時行動力仍顯不足，所以挫折感便排山倒海而來；而哭則是他們面對挫折最常表現的一種方式。

父母們不禁要問：「是孩子有問題嗎？還是我有問題？」至此信心全無。其實生氣只是幼兒宣洩情緒的一種方式，也是保護自己戰鬥本能的一種方式，只要深入了解，父母就不會把它過度簡化至「到底是誰有問題？」或是誤認成「幼兒想要操縱大人」的刻板想法。

證據會說話　生氣是戰鬥成功的前驅物

生氣是戰鬥成功的前驅物，它可以協助你血壓上升、心跳加快、瞳孔放大、肌肉緊繃、血脈賁張，因而最後贏得勝利。但對年幼的孩子，這種生氣引發的身體反應太駭人了，也超乎他所能承受的，所以最終也只能倒地大哭來呈現。有的孩子甚至於還會使出摔東西、出拳，或者咬人的本事。

父母可以試想一下，孩子為何要如此生氣？什麼原因導致孩子本能地想要戰鬥，所以才生氣？這樣的同理便會產生同情心及耐心，而這也恰恰是幼兒生氣時，家長最需具備的能力。孩子為什麼會如此憤怒？

1. 自我感遭到威脅

幼兒時期正是自我意識開始萌芽的時期：我的就是我的，我想要的都是我的，誰手裡有我要的也是我的。對他們來說，一切都是混沌未明並無規則可言。所以父母應趁此時教導他們，假以時日他們一定能明白；這種自我感遭到威脅，包括：被拒絕（你不肯買這個給我嗎？可是我看到了就是我的。）被剝奪（拿走玩具，我的東西你怎麼能拿走？）被忽略（媽媽對妹妹比較好，明明我才是最重要的人！）被責罵……。

2. 生理不適

睡不夠、睡不著、飢餓、不舒服。在他小小的心靈裡，世界是繞著他轉的，沒有人可以忽略他，所有的不適都應立即消失，如果不是這樣……還是只能哭。

3. 壓力、焦慮與挫折

換環境、換照護者、生病、環境不穩定（父母吵架、離婚、生活時間表亂了、旅行……）、照護者回應方式不一致（同樣的事件父母有時候OK、有時生氣）等等。還有挫折感也是一個重要因素：事情做不好（積木掉下來），或預期會發生的事沒有出現（會轉的東西不轉了），他們雖然不會說，但心裡急得很，為什麼大人都不懂呢？（雖還說不清，意識可是清楚得很呢！）

所以他們喜歡說「不」這個字。「不」字就好像是反射性的話，有時明明是他一定要的東西，卻令人又好氣又好笑地說「不」。所謂「我不，故我在」，似乎與大人唱反調才能顯現他們的存在。如果父母誤入陷阱，沒有把這種現象與追尋自我相連結，而是陷入親子權力爭奪戰，那麼反而會激起孩子的戰鬥本能，最後兩敗俱傷。

爸媽還可以這樣做

面對孩子情緒暴走，父母該怎麼做比較好呢？別擔心，你的孩子不是唯一的，也不是異常的！先有這樣的認識及心理準備，你就不會慌張了！

1. 檢查有無生理不適？

吃得如何？睡得如何？活動力與活動量如何？是不足？還是過度刺激？

2. 控制自己的情緒

很多人經歷過或至少看過，在公共場合幼兒突然哭得滿地打滾，讓人措手不及。當事件發生時，父母難免尷尬萬分，有時為了面子，反而會責打起幼兒，好像在對旁人說：「我不是沒有教，真的很難教，你看我都這麼兇了……。」記住，別吼！別火上加油！記住，你是大人！這是一個很正常的自我萌芽期。

3.充滿同理心的平和態度

記住雷霆之怒只是冰山一角，你要比孩子看得更深入。假使你在公共場合（超級市場、醫院、遊樂場……）你可以先抱孩子起來，陪他到安全的地方，等他冷靜！或雙手環抱他或緊抱他，甚至只是看著他，口中說：「等你安靜了，媽媽才聽得清楚你要說的話。我會陪你直到你可以說話為止……」在父母的堅定態度與陪伴下，孩子終究會停止哭泣，但錯誤做法卻可能讓他不知所措，使場面難以控制！

4.運用情緒教養技巧

察覺、體認、標示、設限與解決問題。約翰．高特曼博士（John Gottman）說，一個良好的情緒教養可以分成5個步驟：察覺彼此情緒、體認親子的親密關係、同理孩子的心情、標示他們的情緒，最後要設限與解決問題。因此運用這5個步驟在孩子暴怒時，首先察覺孩子的憤怒，體認這是教導孩子的好時機，同理他一心想長大的激動，於是協助他標示情緒（即使他語言能力有限，卻還是要讓他有情緒語言啟蒙的機會）。你可以說：「姊姊的玩具你不能玩，所以你很生氣。等你小聲一點，我們再來找另一個玩具。或是等姊姊不玩了，再借你？……」、「你哭得太傷心了，媽媽說的話你聽不見，等你小聲一點再說。你要媽媽在這裡？還是要我離開一下？」

5. 做紀錄

盡量找出有無誘發因素？重複場景？重複事件？然後再思考如何處理，以及處理後的效果與改變結果如何？最忌諱糟糕的家庭劇重複上演！好比說：孩子哭著要東西，母親的台詞永遠是：「再哭！警察會把你抓走！」但警察既不可能來，孩子也學不到應該怎麼做才可以降低挫折感，要想個方式來換句話說，也要換個方式處理。

6. 要有耐性

別以為只做一次情緒教養，親子雙方就都變成天使，這樣想就錯了！大人很容易打回原形，更何況是不解事的孩子。耐心！耐心！還是要靠耐心！

7. 要有禮貌

有一個實驗指出，父母親說話的態度愈有禮貌（請、謝謝、對不起），孩子愈會聽從父母的指令。而不清楚的指令易使孩子無所適從，因此會加重挫折感的強度與時間。例如：「請把玩具放入紅色的箱子內」，就會比「東西老是亂丟，真糟糕」來的清楚多了。因此，千萬別孩子生氣你也跟著發脾氣，如此一來，你只是在示範，生氣是處理事情的方法之一，而且要更生氣，才會在戰鬥中贏得勝利。

情緒教養重點

- 幼兒的雷霆之怒是自我感發展過程中的正常反應。
- 用充滿同理心的平和態度面對。
- 找出有無相似的誘發因子。
- 大人勿情緒化的責罵，千萬別跟孩子比誰會生氣。
- 記得社會參照力，你的反應是他學習的藍本。

教養叮嚀 發現了嗎？面對孩子的憤怒炸彈，家長愈了解，心裡愈有準備、態度愈平和，孩子就愈有好榜樣可參考。

羞恥與愧疚有何不同

當孩子犯錯，你的處理方式對嗎？

案例

孩子不認真讀書，考試成績欠佳，爸爸罰孩子跪在馬路上，然後路人報警……

孩子偷錢被逮，老師給他掛上「我是小偷」的牌子在校園遊行，於是家長提告……

女兒頂撞父母，父母罰她剃光頭參加人生第一場畢業典禮……

兄弟在百貨公司吵架，母親要他們當場面壁思過，碰巧被同學看見……

什麼樣的教養信念會讓父母做出「遊街示眾」的羞辱舉動？還是因為這些父母、師長全無教養理念？

「我付出那麼多，他卻一點都不知感恩，不學好！」

「我勸也勸了，罵也罵了，打也打了，他就是教不會！」

「都教了無數次了，孩子還是不聽話！」

說來說去，就是父母招數用盡，孩子卻仍然我行我素，終至親子關係一敗塗地。

有一位爸爸很誠懇地尋求協助：「我真的不知道怎麼做才對？如果有人可以教我，我很願意照著做！」

當然有些家長自覺不足，有些則是連有沒有問題都弄不清楚，只能因循上一代的做法，或者看電視教小孩，或把自己壓抑未解的心理問題在無助的孩子面前拼命宣洩，最後留下滿目瘡痍的關係及結果。

讓孩子產生愧疚感勝於羞恥感

在「嬰幼兒的情緒發展」一文中已經提到科羅拉州大學的實驗，看兩歲孩子如何對同一事件產生不同感受（羞恥感與愧疚感）。

我再簡單將這兩種不同情緒說明如下：

★羞恥感注意負面的自我（都是我不好！）↓想隱藏，想逃開。

★愧疚感注意發生的錯誤（不好的事發生了）↓**來補救、解決！**

★這樣解釋後，父母覺得這個差別是不是很重要？↓**太重要了！因為這將衍生出正負向反應！**

3歲妹妹撕破了哥哥的書！

（場景1）

媽媽：「你怎麼亂撕書？真不乖！等一下哥哥回來看你怎麼辦？」

妹妹看到哥哥回來，趕快躲起來，也把書藏起來（我不乖）。↓**羞恥感**

（場景2）

媽媽：「把哥哥的書撕破了，可以怎麼做才好呢？」

妹妹看到哥哥回來：「我把書黏好了，哥哥，對不起。」（我願意彌補）。↓**愧疚感**

所有人都會犯錯，孩子更是從不斷的錯誤中學習。在這個學習的過程中，我們要怎麼做才不會讓孩子產生羞恥感，而是擁有健康的愧疚感，願意去解決與彌補？幫助孩子從犯錯中學到解決方法而不是對自己失望，這可是父母的重要任務呢！

證據會說話 父母應避免讓孩子產生羞恥感受

在許多次的家長課程裡，不少父母表示，最希望孩子長大以後能具有道德感。其實道德感與羞恥、愧疚、自尊、自信等複雜情緒十分相關，一樣在停車場擦撞到他人的車子，有道德感的人會留下連絡方式再離開；有人則逃之夭夭。其中一個可能的原因就在於心理升起的是勇於面對的愧疚感，還是寧願即刻消失的羞恥感？不可否認的，大人的世界更為複雜，還牽涉到金錢與時間等；不過既然有相當多的家長期待自己的孩子具有道德感，那麼對於這些複雜情緒更要好好處理。

不知道是不是因為傳統上一直鼓勵「知恥近乎勇」、「忍辱負重」等，似乎有些人以為羞辱孩子並無不妥，甚至還認為這些都將使孩子愈挫越勇、謙卑向上。但絕大多數的結果卻剛好相反，被羞辱的孩子反而易形成放棄自我、不想面對、恐懼犯錯、粉飾太平、得過且過……等個性特質。

然而，父母真能分清楚愧疚與羞恥嗎？這兩者的界線有那麼分明嗎？其實不然，許多時候這兩種情緒是會一起出現的。可是心理學家坦克尼（June Tangney）認為，父母應盡可能的去了解兩者，不要讓孩子有羞恥的感受，因為一旦升起羞恥的感覺，孩子很容易「見笑轉生氣」，以責怪他人來卸責，或找藉口推託。年幼的孩子一覺得羞恥也很可能會把防禦心轉為攻擊他人（攻擊正是最好的防禦），而造就出經常與他人發生衝突的現象。

犯錯是孩子學習的一個必要過程。錯誤的是行為，而不是他有缺陷。

爸媽還可以這樣做

1. 說出事實，勿標籤化孩子

弟弟不小心打破哥哥的杯子……

（○）「你打破了哥哥的杯子，他可能會傷心。」

（×）「這麼粗心，這是哥哥的耶！」

＊＊＊

妹妹把餅乾全部吃完，沒有留給姊姊……

（×）「這麼貪心，一點都沒有留給姊姊！」

（○）「你把餅乾吃完了，姊姊可能也會想吃。」

2. 說出你的感受，勿強加評斷

（×）「妳弄壞了這麼貴的東西，真是丟臉。」

（○）「妳弄壞了這麼貴的東西，我覺得很難過。」

＊＊＊

（×）「真讓我沒面子，別人家孩子都沒有這樣！」

（○）「我感到難過，你把公用的玩具摔壞了。」

3. 了解孩子，小心用語

每個孩子氣質與敏感度都不同，父母應花時間了解自己的孩子。有些「世代傳承」的「無腦用語」，就讓它們停止輪迴吧！

（×）「我怎麼會生出你這種孩子？」

（×）「有一天我會被你逼瘋。」

（×）「早知道不要把你生下來！」

（×）「是不是在嬰兒室抱錯了？」

這種話連大人都成受不了，何況小孩？請改成：

（〇）「我想你一定也不想弄壞哥哥的東西。」

（〇）「我想你大概是一時不小心……」

4. 一起解決問題

（○）「你覺得我們現在可以怎麼解決問題呢？」

（○）「你有沒有想到什麼好辦法？」

（○）「我建議……」

5. 做孩子的模範。所有人都會犯錯，重點是勇於認錯與怎麼彌補？

（○）「媽媽忘了把吸塵器收好，害妳跌了一跤，真對不起！有沒有受傷？媽媽拿藥來幫你擦，媽媽下次會記得把吸塵器收好。」

（○）「爸爸不小心，打翻了妳的牛奶，真對不起！我先擦乾淨，等等再幫你倒一杯。」

情緒教養重點

♕ 孩子犯錯時，要指出哪裡錯，而不是替孩子貼上壞標籤。

♕ 錯誤的是孩子的行為，而不是他這個人。

♕羞恥感會讓孩子產生負面的自我，想隱藏、想逃開。

♕愧疚感會讓孩子注意發生的錯誤，想補救、想解決。

♕犯錯是孩子學習的過程，錯誤的是行為，而不是他有缺陷。

教養叮嚀 發現了嗎？要讓孩子願意彌補錯誤，就要對事不對人！

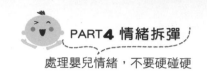

適當同理心

該教孩子良善？還是保護自己？

案例

女兒在國外讀書時的一個萬聖節晚上，因為天氣冷，特別準備了一些食物要出門拿給無家可歸的流浪漢們享用。我心裡很擔心，萬聖節晚上一堆人戴面具，萬一遇到壞人怎麼辦？很想阻止她這麼做。

「天冷，他們會很想吃點熱的東西。」她說。

「萬一遇到心懷不軌的人呢？」我問。

「我會找幾個人一起去，別擔心！」她說。

還補上一句：「媽媽，你每次都要我小心壞人，可是我從來沒遇過啊！」

面對女兒的天真，真不知該感到慶幸還是擔憂。

而我們做父母的也只能在這樣的矛盾心理下，一方面希望孩子善良，具同理心；另一方面又怕他們被騙，遇到不幸。

可是「同理心」可以被教導嗎？它與「同情心」相同嗎？

父母同理孩子，孩子才能具有同理心

一開始先來解釋一下兩個名詞的不同：

★同情（sympathy）：我知道你受苦了。

★同理（empathy）：我感受到了你的苦。

★慈悲（compassion）：我想要協助你解脫這個苦。

同情就像一個人站在高處說：「我知道你受苦了……」。

同理則是與受苦的人同在：「這種苦真令人難受……」。

同情表現的是：「你這麼痛苦，你一定難過得很。」

同理表現的則是：「看你這麼痛苦，我也感受到你的痛苦。」

白話一點的說，「同情」是你我有別（你痛苦，我可憐你）；而「同理」是你我一同（我感受到你的痛苦；而不是可憐你）。

說得更具體一點，同理心是：察覺他人情緒、察覺自己情緒、心胸寬大，不隨便論斷他人，保持開放的心態、可以說出他人可能的感受（標示他人的情緒）、不妄加自己的解釋與解決方法。

例如，小明因穿新鞋而腳痛，一拐一拐地走，表情痛苦，儘管如此，還必須要走八百公尺的路。

「小明腳痛，還要走很遠呢！他好可憐喔！」→同情

「新鞋磨腳會很痛，我們來試試墊上一條手帕，我上次這樣做好像有一點幫助。來！我扶著你，也許也會好一點。」→同理

我們可以看出來，一個孩子要具有同理心，他的自我情緒調節要非常好，好到不僅知道自

己的情緒，還能想像別人的感受（換位思考、設身處地），並且說出來，還要說得別人感到被了解，願意接受幫忙或重新思考，這樣的孩子將來必定是屬於成功快樂的一群。這也難怪，非常多的家長將「具同理心」列為最希望孩子擁有的特質之一。

證據會說話　同理心是一個複雜而漸進的過程

至於孩子在什麼時候開始能有同理心呢？其實這是一個複雜而漸進的過程。研究顯示，幼兒約在1歲半到兩歲間會開始了解，他有自己的想法，別人也會有別人的想法，而且這兩者或許不同；也大約在此階段，幼兒可以在鏡中認出自己，確切知道自己與他人有別。但即使開始有人我不同的領悟，同理心也不會自動出現，而需要在環境中學習而來。

舉例來說，當小花跌倒了，小雄的父母趨前關心，協助小花並安慰她。小雄看到小花被撫慰了、自己的父母被感謝了，這是一件美好的事；不但如此，爸爸媽媽還藉此機會教育，協助小雄試著感受小花的情緒，陪著小雄找到適當的詞句表達關心並討論有哪些方法可以協助小花。

之後有一次，小雄跌倒了，媽媽也趨前撫慰他：「在石子路跌倒，膝蓋會磨破皮，好痛喔！難怪你哭了！」媽媽同理小雄的感受，讓他的情緒強度下降，願意接受媽媽的協助（例如用水沖傷口）。而這一切都再度增強了小雄未來同理他人的能力。

爸媽還可以這樣做

該怎麼讓孩子具備同理心，讓我具體一點說明。

1. 不要忽視孩子的感受

被理解的感覺才能使他們對別人的感受有同感。

2. 把孩子當成獨立的個體，而非你的附屬品

有些父母經常性地以父母本身的需求為出發（孩子需要學英文，孩子需要學游泳，孩子需要補習……），而非由孩子自己來發動。孩子無須思考，只能任憑擺佈，這樣一來，他連自己的感受都分不清，更遑論考慮別人。

3. 把握時機，機會教育

當有任何機會（電視、書本、遊戲）可以討論他人發生的狀況，以及對方與自己的感受時，都應即刻把握。

4. 把握時機，互相分享感受

當寶寶看到狗嚇得不敢動時，媽媽不妨說：「你是不是很怕那隻大狗？牠叫的好大聲喔！媽媽也有些緊張呢！我們一起牽手走過去。」

5. 角色扮演，體會他人感受

有時利用情境劇可以讓年幼的孩子比較容易理解，例如爸爸用玩具熊對孩子手上的玩具狗說，「我不想跟你玩，你好笨。」接著問問孩子，小狗會有什麼感受？小狗會比較喜歡小熊怎麼跟牠說話呢？

6. 父母要小心自己的教養方式，體罰或怒罵都會使孩子失去同理他人的能力

孩子在成長過程中有太多時候會因犯錯而讓父母生氣，可是犯錯才會成長呀！可惜許多大人忘記這一點，對孩子失去同理，經常以成人體格及語言上的優勢，來體罰或責罵孩子。在這種情形下，孩子自然感受不到被同理的安慰，如果同理心不存在他的生活中，我們又怎麼能要求孩子同理他人呢？

7. 別只教孩子說「對不起」

我們經常看到兩個小朋友起衝突時，打人的一方會被要求向另一方說「對不起」，這的確是必要的，可是如果僅止於此，就只做了一半。父母還可以藉機教導孩子體會別人的感受。

「你看，瑋瑋哭得好傷心，他的手腫起來了，一定很痛！」媽媽說。

「我已經說對不起了嘛……」孩子回答。

「對不起代表會改變，所以下次遇到同樣的事情，你會做什麼改變呢？」媽媽問。在事件中父母藉由發問，協助孩子留意他人感受，未來才能擁有同理心。

8. 父母要成為孩子的榜樣

下面的案例，經常發生在我們與孩子的對話中。因為許多父母擔心，在教導孩子有同理心、能互相幫助的同時，可能會與指導他注意安全（小心壞人）產生衝突。可是我們要為了世上的確存在的一些壞人或壞事，而使孩子失去人間最美善的同理心嗎？聰明的父母一定知道比例原則，並思考出最好的教養態度。

「老婆婆擺攤很辛苦呢！我們去跟她買些東西，讓她早點回家。」↓善良、同理。

「怎麼會去買一枝一百元的筆啊？……那個人看起來很可憐？那都是假的啦？就是要騙你的錢！」↓壞人會欺騙妳的善良、別隨便同情他人。

「如果路上有陌生人靠近妳或跟妳說話，記得趕快走到人多的地方，小心壞人！」↓社會上到處都可能有壞人。

為了避免這些教養態度上的衝突，我們可以先從孩子周遭接觸的人事物開始教導同理心，如：兄弟姊妹、親朋好友、鄰居等等；等到孩子開始有更大範圍的社會關係，如：學校、社團等，再將可能遇到的例外狀況加進去，也要漸漸地利用社會上發生的事情與孩子討論，採循序漸進的教法，既適合孩子的成熟度，也不會充滿矛盾。

情緒教養重點

- 具同理心的人能察覺別人的情緒以及辨識自己的情緒。
- 培養同理心需要情緒教養。
- 父母是最好的學習對象。
- 經常討論以及角色扮演，對於培養同理心都有幫助。

教養叮嚀 發現了嗎？要能知道自己的情緒、察覺他人情緒，才能同理他人！情緒教育與同理心是心手相連的。

孤獨小大人

如何融入同儕，合作與輪流

案例

小嬡與先生只有元元一個孩子，今年5歲。元元雖然有一個表哥，但年紀差很多，平時幾乎玩不到一塊。小嬡家與婆家都從事教職，雙方家庭都很疼愛元元，也懂得如何教育小孩，所以元元是在一個受疼愛卻不溺愛、開放又民主的家庭長大。

按理說這樣的教養環境，小嬡幾乎沒有什麼好擔心的……，除了一個問題。

那就是——元元不知道怎麼跟其他小朋友一起玩。

小嬡曾提到：「元元出生後幾乎都待在家，要說他是個宅男，一點也不為過。」

朋友笑說，元元是六個大人一起照顧的寶貝，而且大人們個個樂於跟孩子講故事、聊天討論，一起遊戲，真是幸福。

小嬡很煩惱，可能因為經常與成人相處，所以元元很像小大人，用字遣詞複雜有邏輯，可是卻也不知怎麼跟小朋友一起玩。因為元元與其他孩子不太相同，他的生長環境總是充滿著溫暖與知性，因此少了與同儕間的衝突、競爭與合作。

小嫚最近發現，帶元元參加親子團體課程，他會像個局外人似的觀察；遇到需要合作的遊戲，他會十分靦腆；有時遇到不遵守規矩的孩子，還會用大人的口氣說，你可不可以告訴我，你這樣做的理由？而成為其他小朋友不喜歡的小大人。小嫚現在擔心的是，元元變得不愛出門，說到出門就拖拖拉拉，但卻可以在家玩一整天。

「我怕他不知道什麼叫做合群？以後也不懂得如何與人合作！該怎麼辦呢？」小嫚叨念著為人母的擔憂。

合作與輪流概念應及早建立

現代小家庭常出現的問題是：孩子不知道怎麼跟同儕一起玩。

記得小時候，鄉下環境山清水淨，孩子們每天一放學就聚在一起玩耍。白天抓蟬、晚上抓螢火蟲，總要等到媽媽在家門口扯著嗓子才要回家吃飯。關於合作、一起玩，這哪需要學習？根本沒有父母會覺得這是問題。若有孩子不喜歡出去玩，那正好順了爸媽的意，就在家照顧弟弟或妹妹，順便淘米煮菜，最後再晾衣收衣。所以每個孩子都是能逃就逃，寧願在外面與左鄰右舍一起廝混到天黑。

而現代孩子所處的環境大不同！經常聽到父母提出的問題是：

「寶寶在上課時，不肯跟別人，玩怎麼辦？」

「孩子黏得好緊，每天上班前都像生離死別，真叫人揪心！」

「他只會直盯著別人看，其他小朋友拿東西給他，就嚇得不敢接。」

「跟別的孩子在一起時，只要不開心，就動手推人！」

只能說時代巨輪不停轉，現代社會的轉變是過去社會始料未及的！怎樣才能讓孩子懂得與人和平相處？

證據會說話 不要對孩子有超乎年齡的不當期待

現代的孩子多半是在小小的公寓或大樓長大，然後由父母送到保母家、托兒所或祖父母家照顧，他們的生活環境是從一個大箱子跳到另一個大箱子，即使父母親將小小的他們帶到不同的幼兒才藝班、游泳班、繪畫、體能班，都只是在都市裡無數的箱子之間移動而已，交通工具也不過是將大家運往不同箱子的另一種箱子罷了。

這類孩子大部分時間是沒有朋友可以互動的，長輩就是他們最常見到的玩耍對象。但是長輩不可能模擬出與其他小朋友相處的狀況，因為長輩不會跟孩子搶玩具，也不會推擠孩子，更不會沒事惹毛孩子！

如果有手足，勉強算有玩伴，可是這些都是親人，那朋友呢？朋友也許每週相見一次，不同的課還有不同的臉孔，每次都是一種新的刺激，其實還蠻具挑戰性的呢！

因此現代父母多了一項功課，如何幫助孩子與同儕一起玩及互助合作？這些看起來雖然是小事，多留意卻可避免未來產生大問題，因為有了合作的概念會讓孩子的人際關係更和諧。

但是父母也別因此而給自己太大的壓力，孩子的成長是進階式的，自有其發展里程碑。例如，他們多是從平行玩開始（即各玩各的）；約3至4歲左右，才比較能一對一遊戲；接著遊戲圈才會愈來愈大。因此，別對孩子有超乎年齡的不當期待，那樣等於是給自己找麻煩。

爸媽還可以這樣做

那麼父母該怎麼培養孩子與同儕相處、合作呢？其實只要運用上述的概念，自然就能變出一大堆方法。

1. 訓練合作概念

即使只有你跟孩子在家，也可以玩「合作遊戲」，或是在遊戲過程中加入促進合作的火花。例如，需要孩子幫忙做家事時，媽媽可以這樣說：「哇！一起摺衣服又快又好玩」或是「先把杯子放到水槽我再洗。等你長大就可以幫忙囉！」等等鼓勵合作的話語。其他還有：

（◯）「小寶，媽媽需要你的幫忙！幫我把下層積木扶好，我要蓋上面了！」

（◯）「請你幫我把白襪子從衣服堆裡找出來配對好嗎？」

（◯）「喔，你需要媽媽幫忙嗎？下次可以說『請媽媽幫我忙』，媽媽就會來協助你喔！」

（◯）「寶貝，謝謝你的幫忙，一起合作真的容易多了！」

2. 訓練輪流概念

「換你了」、「換我了」，這些詞彙都是初階輪流概念性用語。即使只是模仿把積木放到籃子裡的動作（6～9個月以上的寶寶），都可以藉著一前一後的時間差，把輪流概念加上去。等孩子再大一點，家人可以輪流玩說故事、唱歌以及其他活動。

3. 讚美合作與輪流

家長們應把合作或輪流的成效具體說出來，而不要只是用「你好乖」或「你好棒」隨意帶過去。具體讚美輪流與合作的優點，會促使孩子朝著你想要的目標前進。

（×）「整理得好乾淨！你們好棒！」

（○）「你們一起把書放回架子上，哇！兩人合作讓速度變快了！」

＊　＊　＊

（×）「你們沒有吵鬧耶！好乖！」

（○）「你們輪流玩玩具，沒有吵架，這樣可以玩得更久，也更有趣了！」

4. 讓孩子自己想出解決問題的方法

如果我們永遠都是急著跳出來幫孩子解決問題，那麼孩子就很難學會問題解決的方式，不妨培養他遇事時先自己思考，以累積成功解決問題的經驗，未來在群體裡就比較不會驚慌。

（×）「天啊！不要亂畫沙發！」

（○）「沙發不是畫畫的地方喔！你想得出應該畫在什麼地方嗎？」

＊＊＊

（×）「快來收一收，玩具不要亂扔！」

（○）「客廳好亂喔！需要收拾一下。但怎麼收才會又快又好呢？」

5. 建立家庭規則，並共同遵守

其實家庭就是人生第一個經歷群體生活的地方。隨著孩子的語言能力漸增，家長必須建立家庭規則，並要求孩子一起遵守。孩子在家庭裡有遵守規則的概念，在群體內就不會是野蠻的一員。但是父母的指令要清晰且具體，孩子未來才能繼續遵守。

（×）「玩具不要亂丟，去收好！」

（○）「玩具玩好後，就要放回桶子裡，這樣下次才找得到。」

＊　＊　＊

（×）「鞋子要擺好。」

（○）「每個人都要把鞋子放在鞋架上，這樣媽媽掃地時就方便多了！」

6. 給孩子時間適應

假使孩子每週要應付不同的課程，且孩子的氣質比較難接受新事物，那麼建議提早到活動地點，讓他先習慣場地，以避免同時要適應環境、人物、課程等等，一下子接受過多刺激而適應不良。如果忽略環境適應因素，孩子單單處理自己的內心焦慮就會耗掉很大的心力，遑論與他人合作了！

對於不喜歡出門的孩子，那麼也可以邀請小朋友到家裡來，在熟悉的環境裡，心情放鬆，可提高孩子與其他小朋友合作遊戲的可能。

情緒教養重點

- 建立合作、輪流的概念。
- 具體讚美孩子合群或合作的「事蹟」。
- 讓孩子有機會自己解決問題，不要代勞太多，孩子處在群體中才會有自信。
- 有些孩子適應群體生活較慢，要尊重孩子的氣質，但仍要漸漸嘗試。
- 依照年齡不同，孩子會先從各玩各的到一對一玩耍，接著才能適應團體遊戲。

教養叮嚀 發現了嗎？不知怎麼一起玩的現代孩子新問題，主要是社會環境因素造成的。這是成人該解決的問題，需要大家一起用心。

孩子的3C保母

從習慣到成癮

案例

那天在餐廳裡，左手邊方桌的小家庭，爸爸媽媽帶著一對小兄妹，大約是幼兒園中小班年紀，兩人湊著頭玩爸爸的手機，不亦樂乎。父母兩人輕鬆點菜，愜意的聊著，一派天下大勢底定之姿。

右手邊大圓桌，約是三個小家庭的聚會，除了一個坐嬰兒椅年約7個月的寶寶外，其餘三個2至5歲的孩子，每人桌上一台架好的ipad，各看各的，自個兒笑得東倒西歪，不吵不鬧，彼此沒有互動。大人們自在地聊天，也不時查看自己的手機。

「我們以前帶小孩上餐廳，是怎麼搞定他們的？」我問先生。

「我們好像比較累喔！」先生看了兩旁的親子互動後表示。

「沒錯！我們那時應該是手忙腳亂、嘴忙眼亂！」我深表同感。

所以這些電子用品的確是幫了現代父母一個大忙，可稱為新型保母！3C育兒已經無所謂「這樣好不好」了，而是大勢所趨！但在勢不可擋的潮流裡，有什麼原則可以協助父母拿捏尺寸呢？

電子產品育兒應在適度規範下進行

這個世代已經是電子網路世代了！不管我們這些成人怎麼抗拒，潮流就是這麼正面襲來，毫無招架之力。之所以需要討論如何使用這些電子產品的理由是，沒有原則的給孩子接觸過多的電子產品會造成一些問題：

★影響語言能力：孩子學習語言的最好來源是與照護者親密的口語互動，期待小熊維尼或巧虎來教是懶人的藉口。實驗顯示，花在螢光幕上的時間愈多，所學到的詞彙愈少，效果完全成反比。

★影響社會情緒發展：父母花時間在手機或電腦，相對地會減少與子女的互動；孩子花時間在電子螢光幕上，當然也減少了與「真人」互動的機會。人與人的互動是動態的、充滿情緒變數、需要很專心的觀察與學習；所以用了太多時間在螢光幕上的孩子，其社會情緒力比較差。

★活動量下降：活動量下降意味著孩子減少四處探索的時間，這可能造成骨骼肌肉發展以及運動能力變差。而許多研究也認為，長時間使用3C產品應該是造成現代孩子肥胖的主要因素之一。

★影響性格發展：家長如果沒有陪同孩子一起待在螢光幕前，仔細了解孩子吸收到的東西，並加以解釋，孩子也許就把螢光幕內種種價值觀囫圇吞棗自行轉化，影響了性格發展，而家長也無從得知改變究竟肇因於何時。

★從習慣到成癮：許多家長都注意到，給孩子3C電子產品是「易放難收」，畢竟聲光刺激令人興奮，一旦接觸就很難拒絕，現代青年學子網路成癮的問題不小，所以這些問題一定要事先預防。

★影響睡眠：電子螢光幕發出的光會影響褪黑激素產生，從而影響睡眠。當然聲光的刺激也會使人心情激動，難以入眠。

證據會說話 **家長們宜多從其他角度來看待電子產品**

電子產品有其優點，也有缺點，與之共存已是絕對趨勢，畢竟這些電子產品裡面也有很多好東西值得孩子學習，那麼該如何好好運用呢？

美國小兒科醫學會目前已不再用時間來建議家長了（除了仍堅守1歲半以下禁用，5歲以下1小時），只從健康發展的角度來指導（不要影響睡眠或正常活動）。因此這是一個最低要求的建議，家長們宜多從其他角度來看待這件事。

美國小兒科醫學會的最新建議如下：

★ 1歲半以下應全面禁用（如果是與遠方親友視訊例外）。

★ 1歲半到2歲，如果家長陪同看高品質的影片，並協助他們了解是可接受的。

★ 2歲到5歲，每天應限制在1小時內，而且父母應全程陪同，協助孩子了解內容，以及說明與真實世界的連結，也要確定是高品質的幼兒節目。

★ 6歲以上的孩子，家長對使用的時間、內容都應有限制，確保不會影響他們的睡眠、正常活動及行為。

★一起制定家庭「無電子產品」的時間及地點。不可用的時間如：用餐時間或開車時；不可用的地點如：臥室。好好的與孩子溝通網路世界的安全與責任，以及教導如何與實體或虛擬世界的他人交往。

爸媽還可以這樣做

雖然時勢所趨，但是父母對3C教養還是有一些疑惑：

★真實的互動會比不上螢幕裡的影像嗎？↓肯定真實的才好！

★可是大人還有許多事要做，也會累啊！↓是啊！新型電子保母也有許多優點呢！

★我看許多幼兒影片品質也頗高啊！↓沒錯！內容豐富，連大人也愛看，確實也能學到很多東西呢！

★對眼睛不好吧！↓也對！

★不可能禁！我看的時候，他就會要看！大家也都在看呢！↓是啊！無法自圓其說。而且未來孩子也一定要懂得運用這些產品。

這些豈不都是你我的心聲與疑問呢？好，那我們就將這些優點結合在一起，再試著訂出更高標準！

1. 依照前述美國兒科醫學會的建議時間讓孩子適度使用3C產品，只許少，不可多。

2. 觀看影片前中後都要有親子互動

家長與孩子先玩過遊戲或閱讀書籍後，再看相關的3C影片會比較好。例如：一起看過動物書籍後，再一起看影片。最好選擇影片內容含跟孩子對話意味的互動影片，還要觀察孩子的反應，並一起討論。例如，影片當中會出現「小朋友，你猜是什麼呢？」或是「你知道什麼是植物？什麼是動物嗎？」這種含對話意思的影片會比較理想，因為可以讓小朋友思考，而非單向吸收。此外最好看完之後，還能在日常生活中找相關連結，或再回頭自書中找更多的知識。

媽媽：「我們再來找找看剛才看到的北極熊，看書上有沒有更多關於北極熊的介紹，北極熊實在好可愛喔！」

3. 當一回事，別當成背景

無論是使用電視、iPad 或手機，都別當成持續存在的背景。一來持續播放的聲音，會使孩子對手邊的事物分心；二來螢幕強光也會損害視力；更重要的是，別失去家長定義這些3C產品用途的好時機。

家長宜讓孩子明白3C產品雖是幫助他成長的工具，但是有優點也有缺點，因此必須限制使用時間與地點。當然啦！大人用手機講話、傳訊息時，一定會讓孩子有被冷落的感覺，這很難避免。不過，如果把溝通聯絡，與孩子學習間做清楚的分野，應該可以減少小孩吵著要拿家長手機把玩的情形吧！

4. 別用電子產品來安撫小孩

我們讓孩子觀看電子產品，前提一定是認為對他們有益，也就是把它當成一種孩子學習的工具，而不是因為孩子吵鬧就塞給他手機，期待惱人的情緒趕快過去，這樣就大大違反了情緒教養的金科玉律——孩子任何情緒失控的時候，都是學習察覺情緒及處理情緒的最佳時機。隨便塞給他手機玩，希望他立刻安靜，就失去了最佳的情緒輔導機會。這種做法跟孩子一哭就給他糖吃，唯一得到的結果是蛀牙一樣，對孩子的情緒教養一點幫助也沒有。

我相信明智的父母會綜合上述建議，參考自己的家庭價值，制定出對孩子有利的準則。

情緒教養重點

- 嬰幼兒使用電子3C產品應不可多於建議時間。
- 盡量別讓孩子單獨使用3C產品，它們不是用來安撫孩子的，而是要利用裡面的優良素材來豐富孩子的學習，所以父母應視使用3C產品時間為親子時間。
- 3C產品當成背景聲音會騷擾彼此的互動。

教養叮嚀 發現了嗎？如果把3C電子產品視為教導孩子的工具之一，而不是用來安撫孩子的電子保母，那它們就變成一個好工具了！

小小孩的自制力

遵守規則、等待、忍耐

案例

「我要、我要！」兩個孩子在公園裡搶著翹翹板，互不相讓。

「誰先到，誰先玩！要照順序喔！」媽媽出面排解。

「我先、我先！」兩個都認為自己先到。

結果，年紀小的死握著椅子把手，大哭起來；年紀稍大的有些不知所措，但也緊拉著把手、一腳還翹起，想要來個先搶先贏……

人小聲音大，年紀小的哭聲轉為尖叫，繼而撒手在地上打滾。

「讓弟弟先玩，弟弟年紀小，先讓他玩。」大孩子的媽媽出來當和事佬。

「謝謝哥哥！你先讓弟弟玩，你很棒！」另一個媽媽似乎見到救星，馬上出聲感謝。

於是小的孩子抽抽噎噎爬上翹翹板；而被媽媽要求禮讓的較大孩子則緊拉著媽媽的手，目光瞪向小男孩。雖然媽媽輕聲撫慰，不過男孩還是一副不滿的神情……

這個場景相信大家都不陌生。對年約2至3歲的小孩談自我控制——「等一下」、「讓一下」幾乎是不可能的任務！

自制力的好壞與環境息息相關

究竟自制力有沒有方法可以教導？什麼樣的期待值才是合理的呢？

★媽媽一不盯著寫功課，孩子馬上東玩西玩，到底是誰的功課？

★在超市裡，走到哪都要摸一下、拉一下，弄得店員好心煩！

★帶著孩子出門家長幾乎沒有1分鐘可以寒暄。「走啦！走啦！」邊拉邊叫，家長只能忙不迭地道歉！

★青少年徹夜排隊買新手機，為了誰先擠進店門而大打出手！

許多人都聽過一九六〇年代有名的棉花糖測試：給4歲的孩子一塊棉花糖，然後告訴他如果先不吃掉，等大人回來會再給多他一塊；可是如果他先吃掉，那就不會有第二塊了。意思就是，如果你可以忍耐一下，就會多一塊棉花糖；可是如果你受不了誘惑，那就只有一塊！最後科學家獲得兩組不同結果。A組是忍住想吃糖衝動的孩子，因為他們期待能多一塊糖，所以克制了當下的慾望。B組則是不管三七二十一，先享受再說的孩子，因此他們是未能克制慾望的一群。

其實這個等待的時間只有15分鐘，可是對於面對棉花糖流口水的孩子卻好像有一世紀那麼長。為了抵擋誘惑，孩子們使出「畢生」絕活來轉移注意力，有的玩手指頭，有的唱歌，有的自己演起戲來。許多年後的追蹤報告顯示，A組孩子（可以克制慾望的，也就是自制力高的）比較健康、在校成績比較好、收入較高、較無犯罪紀錄。

這個結果應該很容易理解。只是在實驗之前，多數人不知道兒童期「自制力」的表現對未來表現影響如此巨大。不過，仔細想便能明瞭箇中道理：那些願意犧牲玩樂、花更多時間在功課上的孩子，不就是相信，現在忍耐一下，未來會更好的人嗎？不正是具有自制力的一群嗎？

自制力代表什麼呢？有自制力的人，可以延宕滿足、控制衝動、忍受挫折、願意耐心等候、自我調節情緒等等，可說非常不容易，難怪通過考驗的孩子，未來成就大、較健康、更幸福！

自制力是天生的嗎？後天可以培養嗎？這個關乎未來幸福的重要因素，值得我們好好看待！自制力與前額葉的發展相關，成年期以前前額葉都還在發展中，因此兒童或青少年都比較衝動（青少年期更因為邊緣系統開始爆發，與獎賞系統運作特殊而更加明顯），自制力自然低。當幼兒一步步成長，逐漸有了自我的概念，又開始了解社會規則與外界對他的要求，自我控制逐漸形成。之後隨著時間醞釀前額葉的成熟，自制力自然而然就跟著增強。

但如果只是這樣，交給時間辦就好了！當然沒這麼容易！自制力的好壞與環境息息相關。羅倫斯・史坦伯博士（Laurence Steinberg，Ph.D.）在《不是青春惹的禍》（Age of Opportunity）一書裡提到，基因影響自制力的程度大約只有影響智力的一半！意思就是，對於自制力來說，環境的影響是很大的。棉花糖實驗之父沃爾特・米歇爾（Walter Mischel）也說，這些影響性格的特色都是基因與環境共舞的產物。

證據會說話　過多禁止指令反而難以培養自制力

我們可以根據許多科學報告找到最佳方式來協助發展自制力，那就是嬰幼兒期的情緒教育。嬰幼兒情緒教育，其實就是自制力的基本功。

再複習一下「嬰幼兒也能情緒教養」一章中提及的情緒教育重點：父母保持平靜／生活有規律／實實在在了解孩子的氣質／教給他控制情緒的小技巧／悄悄加入「等待」的配方／協助情緒表達／玩些創意的衝動控制遊戲／模擬遊戲。

因為大腦發展有其時間表，雖可以加強與固化好的連結，但無法一下子就催熟，所以即使家長認真地以上述方法來增強其自制力，但也別高估了他們的能力。美國0～3歲（zero to three）協會做了一份問卷調查，發現56％的家長以為孩子在3歲大時就應該知道哪些事是父母不許他們做的，而實際上，一直要到3～7歲半間這種能力才開始比較具體。所以雖然我們認真執行情緒教育的要點，但也要替彼此留空間，不要因為許多失控的時刻感到挫折。當然年紀不是魔術數字，即使1歲的孩子也可能因社會參照力，而避免去做父母禁止的事，並逐漸開始自我約束。

所以如果你對著2歲左右的孩子下許多「禁止」指令，只會讓他更混淆、挫折感更重，也難以培養自制力。不過有自制力意味著需要遵守規則、等待、忍耐，也需要與群體合作，那到底該如何拿捏？

爸媽還可以這樣做

自制力的養成與一個人未來的成功機會極為相關，家長可要花時間想一想了。以下提供幾點培養孩子自制力的具體做法，相信對父母應該會有幫助：

1. 設立符合年紀的規矩，不可隨時改變

父母有教養的責任，教導孩子家庭的規矩與社會的規則都是你的義務，在努力協助孩子發展自制力的同時，也要設立規矩，即使年紀小、自制力有限，但仍然可以讓他們承擔可能的後果。例如：

（○）「如果要去外婆家，你就要坐在安全座椅上20分鐘，我們可以聽歌、講故事；但是如果你不坐好，那我們就下星期再去。」

（○）「玩具不能拿來用力丟，現在我要把大卡車收起來，明天才可以再玩。」

這些規矩都要清楚、適合孩子的年紀，且不宜變來變去。

2. 勿用處罰或空泛的讚美

切勿用處罰或空泛的讚美（你好乖！你好棒！）來引導。如果自制力是我們希望他未來能擁有的特質，那讚美就要更具體。

（○）「你今天安靜地在安全座椅上坐好，所以我們可以跟外婆好好享受一個下午的時間喔！」

（○）「你都小心地把玩具放回桶子裡，看起來好乾淨喔！而且玩具也都不會受傷了！」

（○）「你們輪流玩娃娃，所以兩個人都有和娃娃玩到呢！真好！」

3. 注意你自己的情緒溫度

培養孩子的自制力不是要方便大人「管理」他們，切勿在過程中自己先失控。我們的目標是孩子將來可以忍受挫折、處理自己的情緒、願意為眼前的限制忍耐，這需要很強的心智能力；

所以如果同時還被大人的情緒干擾，那麼學習效果一定會打折。

4. 了解到自制力的培養需要時間

遵守規則原來就不是動物的本性，肉弱強食才是存活之道，還十分「原始」的幼兒就好像才剛開始「被馴化」的動物！所以家長在協助他們遵守規則的同時，盡量不要「硬碰硬」，說太多「不」、「不」、「不」，只會在「馴化」過程增加更多壓力。自制力的養成需要時間培育，父母要有耐心。

5. 用選擇題代替命令句

多利用一些選擇題，讓他們動動腦，也還給他們一些自主權，對於自制力的養成反而更有用！除了可以降低反抗力道與親子間權力爭奪外，還可以讓孩子學會對自己的決定負責，而負責任正是自制力的核心元素。父母可以這樣跟孩子商量：

（○）「現在還不到吃餅乾的時間，你可以先聽故事或先玩玩具，5點鐘就可以吃了！」

（○）「溜滑梯要排隊，你要跟著大家一起排隊呢？還是要先到操場跑一跑？」

情緒教養重點

- 自制力的培養從嬰幼兒的情緒教養開始。
- 自制力的培養需要時間，而且也需要大腦的成熟度配合。
- 自制力的養成不是為了父母管理方便，而是希望他們未來可以融入群體。
- 自制力的養成，環境因素影響甚鉅。

教養叮嚀 發現了嗎？一個注重情緒教養的父母其實就已經在培養有自制力的孩子了！

經不起挫折

一百分父母，孩子的挫折忍受度當然低

案例

彥彥一聽媽媽說：「不可以再買機器人了！」，就立刻倒在大賣場的玩具部，全身扭動嚎啕大哭……。

幼兒園老師也說：「愈來愈多孩子不順心就大哭，積木倒了哭，拿不到玩具也哭。更誇張的是，要他把碗裡的最後一口飯吃完也哭！」

現代家庭獨生子女多，旁邊圍繞著的大人也多，在餐廳裡眾多成人伺候一個小孩吃飯的場景經常可見。常常看到孩子的頭左閃右躲，只為了閃避一直送到嘴邊的湯匙；如果孩子還是不從，馬上有其他大人接手續餵。倘若孩子因為不想吃而哭起來，也馬上有人抱出場逗弄。仔細想想，這個孩子從來沒有機會學習處理任何不順遂，一直都有大人幫他排解困難。

在家裡堆積木，積木倒了孩子因此生氣，阿公會幫他把積木扶正；媽媽不許買的玩具，阿嬤會趁著帶他去市場時悄悄買一個給他，然後順道交代：「不可以跟媽媽說喔！」如果公園裡的鞦韆全被佔用了，可是孩子想要玩，外婆會過去找一個大孩子，央求他先讓小孫子玩一下。

這些孩子一直到進了幼兒園，開始要自己來，不再有人時時排解困難時，就只能使用「哭鬧」這一招了。

若這些現象持續，便造就了「媽寶」、「草莓族」，再加上天上盤旋的直升機父母，及地上行走的恐龍父母，我們的孩子自然也愈來愈沒有挫折忍受力了。

聽說現在大學新生座談會都是父母在問問題：「哪裡可以洗衣服？洗衣機好用嗎？要等很久嗎？洗得乾淨嗎？」、「吃東西方便嗎？」遇到要請假或學業有困難時，也是家長打電話請假：「我兒子最近感冒了，期末功課可以展延一下嗎？」實在很難想像孩子已經是大學生了。

過去遇到國高中生來看診，仍有七八成是由父母代言症狀，心中總是很不解，於是我會說：「你要不要自己說說看哪裡不舒服？」如果我們連哪裡不舒服都要替孩子說，他們連身體遇到「挫折」（生病）都不知道如何敘述的話，怎能期待他遇到更複雜的人際或心理挫折時能說得清楚呢？

社會上偶發的驚天動地情殺事件「你不愛我就是不行！這樣我也不會讓你好過！」會產生這種反應，不也就是挫折忍受度低嗎？

自制力好的孩子挫折忍受度較高

什麼叫挫折忍受度低？簡單解釋就是「世界不照著我想要的方式運行，我就不知道該怎麼辦」，而當不知道怎麼辦時，就會產生一些問題：

★**想要這種不舒服的感覺盡快消失**：因為沒有學到好方法，所以年幼的孩子就用哭鬧來表現（會哭就有糖吃）；再大一點也許用酒或藥物來使這種不順遂的感覺消失，不然就乾脆擺爛，反正總是有家人會收拾。

★**焦慮感較高**：因為一直沒有機會學習處理挫折，所以如果沒有人代勞，一遇事就只會焦慮，完全沒辦法。

★**容易憤怒**：過去習慣的幫助若不及時來到，就會心生怨懟，憤怒感油生。

★**負面性格**：如果挫折繼續存在，而自己不知如何處理，同時認為該有的幫助也沒到，就會感覺大家都對不起他。

我們都希望孩子堅強，遇到困難要勇往直前，在困厄的環境裡還要能正向思考、自我激勵、堅毅忍耐，這樣成功的果實才會甜美。而這些美德的基礎就是來自於「提升挫折忍受度」。

證據會說話 挫折忍受度與自制力息息相關

我有一個朋友是公認任勞任怨的好母親。她的孩子在高中時理化不行，感到挫折，她就說：「沒關係，我們找家教。」於是在家教的幫助下，孩子順利過關。大學時英文作文不行想放棄時，她又再次請家教幫忙，孩子因此又輕鬆過關。等到就業時，孩子覺得工作環境不佳，她就建議換環境，於是孩子搬回家中住，這下食、衣、住、行都有媽媽罩著了，可是工作卻一個換過一個，因為都有不滿意的地方。這時如果媽媽要孩子稍加忍耐，已來不及了，因為孩子的大腦裡沒有「面對挫折，自己想辦法」的經驗及能力。

孩子還小時，我們不覺得幫他們擋掉一切困難、避免所有挫折有什麼不對，殊不知就在這樣一點一滴中，孩子也失去了面對挫折的能力！

挫折忍受度高其實與自制力好壞是息息相關的。自制力通常指比較外顯的行為，而挫折忍受度則比較屬內隱行為；兩者略有一些差異，不過一般來說，自制力好挫折忍受度也會相對好些。例如：

★ 孩子可以等20分鐘再吃冰淇淋，不會哭鬧。→自制力高

★ 孩子寫了幾題數學，因解不出來而挫折感很重，於是轉而玩起手邊的小玩具。↓挫折忍受度低

雖然孩子沒有因為解不出數學題而大喊大叫，外表看起來也能安靜自制，可是不代表他可以忍受挫折，實際上他寫數學時玩玩具，就是無法忍受面對數學時的挫折，而產生的逃避行為。

爸媽還可以這樣做

那到底有哪些方法，可以幫助孩子經得起挫折呢？我們只要把握住基本概念，方法自然就產生。最怕一心只想替孩子排除萬難的包辦父母，孩子自然毫無面對挫折的能力與必要。

1. 從嬰兒期就可開始學習

孩子哭的時候不要總是給予全套伺候，而是稍等幾秒鐘判斷一下，或出聲讓孩子感受你在溝通，讓孩子在嬰兒時期就知道只要稍微「忍耐等待」，愛我的父母必然會來幫我處理。這一點點的忍耐就是人生最初的挫折學習。

2. 生活起居與睡眠都要有規律

規律的生活會讓孩子心情平靜，不會總是處在焦慮中。焦慮會使孩子的情緒系統處在一種「高喚起」的狀態，也就是隨時準備打仗或逃跑的原始求生模式，這樣一來，耐心等待就不太可能發生，自然就無法有挫折忍耐力。

3. 適當的學習刺激，切勿過量

每一個年齡層的孩子專心度不一，年紀愈小，時間愈短。有時候家長太急於教育子女，給了過多的刺激，這樣一方面孩子會不耐煩，二來也容易產生挫折。

4. 父母稍微等一下再出手解決問題

父母總是害怕孩子多走冤枉路，所以忙不迭給予指引，然而有些小挫折真的對身心有益。剛剛好的挫折有點像打疫苗，雖然偶爾會發燒，但是我們會產生抗體；挫折也一樣。跟小朋友推擠爭執時，媽媽不一定要立即出手，看看他怎麼反應？有時候家長只要同理他的感受，再把解決問題的主導權交給他，一至兩次以後，他就免疫了，再遇到類似困難時就會處理，一步步學習面對挫折。

5. 標示情緒並適時撫慰

孩子遇到挫折時，心裡的難受不一定說得出來，家長要能察覺、同理再加以標示。例如：「現在不能買這個玩具，你很傷心，擔心下次來就沒有了，是嗎？」一旦被了解了，情緒強度下降，大腦方能運作，操控力又會回到手上，也就可以應付了，此時挫折就比較不算一回事。

6. 注意自己的用語

空泛的讚美（如：你好棒、你好厲害）會使孩子害怕下一次遇到困難，自己就不再那麼棒、那麼厲害了，反而一有挑戰就閃避，如此一來更沒有面對挫折的機會了。而殘酷的言詞（這不算什麼啦！這只是剛開始！以後還有你好受的！）則會讓孩子更沒有自信面對挫折。好的用語讓孩子明白，父母最欣賞的是他面對挫折時的堅毅，像是：「你這次數學雖然沒有考好，可是你花了很多時間訂正，現在全都會了呢！」這些話會使孩子不怕面對挫折。

7. 做一個好模範

家長平常也應該盡量保持情緒平穩，自己遇到困難時別大聲叫罵，這樣會讓孩子感覺挫折是極糟的事。當一時情緒被激發時，你可以試著說：「現在我需要喝個水，冷靜一下再想想怎麼做。」當孩子無法裝好小汽車感到生氣與挫折時，你就可以這樣回應：「爸爸上次開車開到半路，車子突然壞掉時，也有一樣的挫折感！要不要先休息、喝口水，等一下再繼續？」切記不要幫孩子做，給他支持並教他怎麼度過這種挫折的感覺，反而比較重要。

情緒教養重點

- 挫折忍受度低的人比較會憤怒、焦慮，並常伴有負面性格。
- 提高挫折忍受度從嬰兒期就要開始。
- 面對挫折就像打疫苗，抵抗力（挫折忍受度）慢慢就會產生。
- 父母不要凡事代勞，要依年齡層適時放手。
- 做具體的讚美，避免打擊性的言詞。
- 做孩子的好模範。

教養叮嚀 發現了嗎？面對挫折激起奮鬥意志原是人類本能，父母在教養過程中卻很容易忽視挫折忍受度的培養。孩子終將成為獨立自主的人，大人們可別幫過頭了！

修正你對公平的概念
孩子要的不是父母以為的「公平」

案例

情緒教養課程裡父母提出的問題中，出現頻率最高的竟是手足問題，真是讓人意想不到！

我經常安慰這些父母要心懷感激，因為你的孩子們不必等到出社會，就有機會「練習」人際關係。這並非風涼話，還有誰比自己的兄弟姊妹更了解你的痛點，知道怎樣好好戳你一下，知道怎麼對付你，對你愛恨交加，既合作又競爭？這一切不正是社會上各種人生場景的縮影嗎？比較起獨生子女，有手足之爭豈不是得天獨厚？

不過，看看家長的提問，還真是苦不堪言呢！

★老大是5歲的小女生，小的是3歲男生。最近老大情緒起伏大、陰晴不定，經常出現假裝跌倒哭泣或模仿弟弟的幼稚行為，我要拆穿她嗎？

★哥哥傍晚與阿公下棋，妹妹提醒他補習的時間到了，結果他氣得把棋盤翻倒、掄起拳頭大罵，還好阿公及時阻止。等到上完課回來，他看到妹妹仍然餘氣未消。這只是其中一件，類似狀況層出不窮，我該怎麼處理？

★我們讚美小妹妹的行為時，老大會馬上說：「笨蛋！誰不會啊？」即使我們加以解釋，他總是以嘲笑的口吻對妹妹說話，有時還會「動手動腳」，我該如何教他「友愛」這件事？

家有兄弟姊妹的，對於小時候藏在心中忿忿不平的「大事」，現在聊起來大概會笑成一團吧！有時對於孩子間的紛爭，許多父母也常喊冤：「每個孩子明明都一樣疼，怎麼孩子還會覺得不公平呢？」

記得小時候每逢與弟弟們對於吃東西有爭執時，母親常說：「要不然拿尺來量！拿秤子來過磅！」

還有一回，弟弟終於有手錶了，我大叫：「不公平！」。母親覺得莫名其妙，說：「你不是也有嗎？」我義正嚴詞的回答：「我7歲時沒有錶啊！到8歲才帶錶的，他也要等到8歲才公平！」反正就是「你們都對不起我」！

對於手足的紛爭，家長們每天不得安寧，手心手背都是肉，卻怎麼做都兩邊不是人！永遠是：「不公平！」有媽媽告訴我，即使是拿出盒子裡的兩塊餅乾（這總一樣大了吧！）還是可以爭！孩子會說：「你先拿餅乾給他，不公平！」

不過父母往往也有迷思。一位媽媽生下雙胞胎，老二太小了以至於無法吸吮，需在醫院灌食。因此媽媽覺得為了避免老二長大了知道老大有被媽媽抱著餵母奶的經驗，影響他的心理發展，而決定連老大也不親餵了。旁人覺得不可思議的事，媽媽卻振振有詞：「將來老二說我不愛他，那我該怎麼說？」

多少孩子問過他們的父母：「你最愛我們哪一個？」如果你說：「都愛啊！一樣愛啊！」這個問題就停止了嗎？有沒有三不五時這問題又跑出來：「都一樣嗎？沒有誰多一點嗎？」

孩子要的不是父母以為的「公平」

「公平」代表一模一樣嗎？其實孩子爭的是：「我在你心中有沒有一個獨特的位置？」這個獨特的位置不一定是公平（或說是旁人以為的公平），而是只有你我心領神會的「獨特性」。

修正父母對公平的概念！

說的更白一點，大家要的公平並沒有一致的標準！重點就在於：修正你對公平的概念！因為你的「公平」概念不是孩子要的。

「弟弟為什麼可以一直玩？我就只能玩一下下？」

（×）媽媽：「你要上學讀書寫功課，他還不用啊！你小時候還不是一直玩！」↓有時大人覺得完全合乎邏輯的事，小孩心中可不這樣認為，因此每隔幾天就會發作一次！

（〇）媽媽：「看到弟弟可以一直玩，不必寫功課，讓你很不平喔！即使你知道功課必須寫完，但有時候還是很難接受！」↓說出他心裡真正的感受，他才會覺得你真的懂他，這才是他想要的「公平」。

＊　＊　＊

「長大不好！弟弟都可以一直玩，又沒有功課，不公平！」

（×）媽媽：「他以後也要長大啊！很公平的！」

（×）媽媽：「好啦，好啦！我叫他不要玩可以了吧！夠公平了吧！」

（〇）媽媽：「弟弟還小沒有功課的確可以玩久一點，你長大了雖然有功課要寫，無法一直玩。但是你的玩法跟弟弟的玩法有沒有什麼不同？」↓能使孩子感受到媽媽真切地了解他，也協助孩子知道自己與弟弟有哪些地方不同（譬如長大了、有能力讀書）。

「弟弟根本不知道怎麼玩！」

（〇）媽媽：「對啊！所以你長大了，也許玩的時間變少，但是變聰明了，懂得變換各種玩法更有趣，弟弟可還不會呢！」↓父母的處理方式，可以把焦點從「玩的時間」公不公平，轉移到「玩」這件事在兩個人間有不同的獨特性上！

教孩子聚焦在自己的特質與需求上

的確，生命中有太多不公平的事，我們還是趁早教導孩子，聚焦在自己的特質與需求上，而不是總是把焦點放在別人身上，弄得怨天尤人或老是覺得自己是受害者。

「妹妹又有新衣服了！她的衣服比我多，不公平！」

（×）媽媽：「哪有？來算看看！而且是外婆買給她的，我又沒辦法控制！」

（×）媽媽：「是外婆買的啦！不然明天也給你買一件！」

（○）媽媽：「這是外婆給她的生日禮物！你也想要多一件衣服嗎？」

「妹妹有！我也想要！」

（○）媽媽：「太好了！那等你生日的時候，我就知道要送你什麼生日禮物了！」

給孩子一段專屬的時間

父母有沒有跟每一個孩子都有專屬的一對一時間顯得十分重要。你有沒有在老二出生後，還有跟老大兩個人一起說故事聊天的時間（沒有小的在場）？有沒有只跟老二一起去冰淇淋店的機會（沒有大的在場）？有沒有安慰一方，等你忙完手邊的事，等一下會有一段完全屬於他的時間呢？這些做法能讓孩子真實感受到，在你的心裡他佔有一席之地，而且不必跟別人共享。

「妳都比較疼弟弟！」

（×）媽媽：「我都一樣愛啊！」↓孩子的邏輯裡，一樣就是比較少！

（○）媽媽：「你是唯一的，弟弟也是唯一的。在媽媽心中你們都是獨特的！」

證據會說話

研究的確告訴我們，手足關係與未來人際關係發展關聯頗大，而實際上手足關係也是最持久的人際關係之一。結構派家庭治療大師米紐勤（Salvatore Minuchin）認為，一個家庭之下存有許多次系統，例如：父母次系統、親子次系統、手足次系統等，這些次系統交互合作也彼此影響，手足次系統也是如此。

雖然手足之爭常有所聞，但兄代父職、姊代母職等手足互相支持的事也比比皆是。難怪一項美國人的研究發現，至少會有一個手足成為終生密友者佔77%，甚至還有報告顯示，有手足作為密友者罹患憂鬱症的比率較低，都顯示手足關係持續地影響身心健康。

爸媽還可以這樣做

處理手足之爭時，父母可以參考約翰・高特曼博士（John Gottman）的情緒調節5步驟。

1. 察覺情緒

手足之爭引發的情緒經常不是生氣，就是委屈（當然也有洋洋得意！）這需要父母多加觀察及輔導。雖然傳統文化鼓勵我們兄友弟恭、孔融讓梨，可是事實上在年幼的孩子心裡，這些父母以為是的道理就是不公平，若不顧慮到他們的情緒感受，將使親子及手足關係惡化。除此之外，我們對自己的情緒也應多加體察。千萬不要因為孩子爭吵，自己就跟著發脾氣，使得情況由「手足之爭」，上升到「全家大混仗」！如果父母能想辦法讓自己冷靜：「深呼吸，數到10，洗個臉」；或到陽台走走會很有幫助。有時候，你這些冷靜的行為還在進行中，孩子們已經很識相地把問題解決了。因為在這當中，他們已從你的身教學習到——「想辦法讓自己冷靜一點」！

2. 體認親密

家長要能體認到這些手足之爭是他們人際關係的第一課，而可以在家中這個安全的環境裡學習這一課，真的相當幸運。所以父母千萬別急著動怒，也別急著長篇演說，更別馬上跳下去當法官。稍等一下，給他們一點時間抒發、反應、解決。

3. 同理傾聽

在愛戴爾・法柏的書《sibling without rivalry》，很生動的以夫妻之間有第三者介入作為假想，以協助家長同理手足之爭。

書中有一段敘述是：有一天你的配偶回家，告訴你說：「寶貝，你真是個好太太（先生），我決定找一個跟你一樣好的來家裡！你要記得跟他分享衣服、食物、珠寶喔！」太太無奈接受了。接著，每次三人一起出門時，就有人會說：「這個新來的好可愛喔」，或是「這個舊的很賢慧懂事」，我想太太心裡的滋味可想而知。

還不僅於此，新來者愈來愈會說話、聲音也愈來愈大、意見愈來愈多，開始對著「舊人」說：「這個我想要！那個我想玩！」

現在把配偶換成手足，你就知道不容易了吧？這樣父母應該也比較能夠同理了吧！無論是兄姊或是弟妹，其實都有很大的壓力。成人們千萬別以為孩子們應理所當然、興高采烈的和睦相處！父母若具有同理心，處理手足爭執就會平順許多。

4. 標示情緒

孩子即使充滿忌妒、怨恨、憤怒，往往也弄不清楚怎麼回事。他的行為是一種情緒的自然延伸，此時父母若能幫他釐清緣由，把情緒標示出來，慢慢地他就可以用說的，而不是「盧小小」。當然，這種夢幻過程未必如你所願，但是重點是持之以恆地做下去。如果家長認為做了兩至三次沒有效，就又回到「用打罵比較快」的傳統做法上，那麼這種手足間的纏鬥，恐怕會持續下去！

哥哥：「弟弟真愛哭，把他送給阿姨好不好？」

（×）媽：「怎麼可以？弟弟好可愛啊！你小時候不也是很愛哭！」

（○）媽：「弟弟哭的時候，你會心煩氣燥，所以希望他變不見嗎？」

＊ ＊ ＊

姊姊：「愛玩又不遵守規則，你走開啦！」

（×）媽：「當姊姊的要多讓弟弟一些啊！愈大要愈懂事才對！」

（○）媽：「如果弟弟可以先把規則弄清楚，你就不會那麼生氣了嗎？」

＊ ＊ ＊

弟弟：「哥哥還不去上課，還在玩，要遲到了！」

哥哥：「干你什麼事！你這隻笨豬！」

（×）媽：「去把你的嘴洗三次，你本來就要遲到了！」

（○）媽：「你是不是捨不得放下玩具去上學？所以你覺得弟弟的提醒像警報器，使得你大發脾氣？」↓這個涉及言詞暴力，還必須設限及解決問題。

5.設限及解決問題

設限及解決問題需要很長時間的討論與練習，而且不能太急！家長太急著跳下去解決問題，往往弄巧成拙。就以動手打人或說髒話為例，雖然沒有人真正被處罰，但是弟弟該怎麼做已經被明確的指出來了。

弟弟：「我要，我要！給我！給我！」

哥哥：「才不要，你會弄壞！哎喲！！好痛！媽媽，弟弟又咬人！！」

（×）媽：「你又咬人，真是不乖！說那麼多次都不聽，去罰站！哥哥你也真是的，借給弟弟玩一下會怎樣嗎？每次都要搞得雞飛狗跳！」

（○）媽：「哥哥的手臂都紅了，一定很痛！弟弟你要學著用說的，哥哥才會願意分享啊！媽媽先幫哥哥擦藥，弟弟等一下告訴我們，你要說什麼？怎麼道歉？」↓哥哥的情緒被標示及被接受；並且媽媽也表示只要弟弟用對方法，哥哥會願意分享。

情緒教養重點

- 手足爭的不盡然是「公平」，而是你心裡有沒有每一個孩子專屬的位置。
- 留給每一個孩子一段只有他與你的專屬時間。
- 處理手足紛爭時，察覺情緒、體認親密、同理及標示孩子的情緒，然後設限及解決問題是很好用的步驟。

教養叮嚀 發現了嗎？希望孩子相親相愛，你要同理他的感受，了解他對愛的冀求。

媽媽筆記

PART 5 學習當父母

當剛剛好的新時代父母

大人們的省思
省思自己價值觀，找出親子關係盲點

案例

許多父母說，參加完家長教育課程後才發現，教養中造成問題的男女主角竟是父母本身！有一位媽媽就表示，教養課程結束後領到的不是「畢業證書」，而是自己的「病歷表」，因為在學習當中找到一大堆自己的毛病。這個媽媽說得好貼切！

在授課中我曾遇過一位媽媽在孩子考上第二志願時痛哭流涕，完全沒有平日的優雅。等她冷靜一點時，我問她：「這麼難過是因為你感到失望嗎？還是替孩子感到難過？」她想了許久說：「從小，父母一向讚美我的好成績，所以我擁有其他兄弟姊妹，甚至其他同輩沒有的特權，大家認為我是一流的人物。我不必分擔家務，只管讀書，大家都很羨慕，我想我是因此而害怕孩子在他人眼裡是二流的……」

許多為人父母的盲點，其實是根深蒂固、自小就緊密形成的，也許有些我們從沒有意識到。

我有一位同學，他坦言自小暴躁易怒、人際關係欠佳，有一段時間還酒精成癮。所幸遇到一個好太太，還生了一對兒女。有了自身的經歷，因此他很擔心孩子脾氣不好。所以在孩子成長過程中，他總是壓抑孩子的憤怒，大力獎賞不生氣的時刻。最後孩子們的確都很少發怒，但是也因為無法生氣，情緒沒有出口，最後反而變成以自傷行為來宣洩。

他在近50歲時就讀心理學研究所，期間開始省思自己過往的種種，並從家庭、社會文化角度來討論自己如何形成這些價值觀。直到那個時候，他才抽絲剝繭明白自己如何被原生家庭與文化塑型制約，所以開始重新省思自己的價值觀，從而發現親子關係的盲點進而修復。

父母透過省思可改變過去印記造成的影響

父母子女間的依附關係是代代相傳的，而且因為依附關係影響太深，形成一種固定的依附模式。我們的大腦深深記憶著這些過去與現今的親子互動，並記住了這些模式，進而影響我們對事物的反應。

這就是為什麼大人們的省思，以及重新了解自己是產生良好親子關係很重要的一個步驟。因為親子互動發生問題，關鍵不在孩子，而是父母。可是父母要改變已成型的大腦運作模式，就要深刻思考過去的經驗與現在的衝突，才能重新打掉重練，這種改變絕非易事，需要決心與智慧。丹尼爾・席格醫師在《青春，一場腦內旋風》一書中所言，每個家長都應乘坐時光機來一趟心靈時光之旅，看看過去、想想現在、放眼未來。也就是做一種「自傳式的回顧」，唯有自覺與省思，才能知道自己如何被形塑，以及如何改變。

證據會說話 **生活中任何大小經驗，都會在腦中留下印記**

大部分的人都聽說過「創傷症候群」，劫後餘生的戰士，有時候會突然好像戰爭場景重現，把路上的喇叭聲當成大砲聲；也會有噩夢或恐怖的回憶閃入眼簾，許多人因此而抑鬱、憤怒、借酒澆愁，甚至使用毒品。但這個疾病不是非得從槍林彈雨、出生入死的戰場上回來才會發生的，其實許多生活上的悲慘遭遇，都會使人有創傷症候群，例如受虐或被強暴的孩子。

貝賽爾・范德寇醫師在《心靈的傷，身體會記住》一書中提到他所做的核磁共振攝影掃描研究發現，創傷症候群患者在接觸與自己特殊經驗類似的情境時，他的情緒腦，尤其是杏仁核區以及視覺區會高度活化；相反的，在患者的語言區則活動力下降。因而可以得知，所有的腦部受創記憶是傾向「非語言」的，創傷後的痛苦經由視覺、情緒區強力放送，但卻「難以言喻」，也正因有不容易說出來的特性，使得患者顯然可以感受到痛苦的情緒，自己卻弄不清楚怎麼回事。

創傷症候群患者的腦部變化可以給我們一些概念，也就是過去經驗實實在在地影響大腦的結構與生理變化，接著再由這些被影響了的大腦，引發我們對生活事件，包括親子互動的反射性反應。因為腦部與身體的生理變化如此深入，不需再經由大腦認證，可直接反應。對於這種已經在大腦留下了反應「模式」的結構性變化，我們得認真面對方能改變。

根據上述研究，我們可以推論，生活中任何大小經驗，只要是重要的，也會在腦中留下深淺不一的印記，即使程度遜於精神科診斷的創傷症候群，但凡走過必留下痕跡。因此如果不深入省思，不良的親子關係可能會像一齣歹戲拖棚的連續劇，既無建設性，也無法帶來喜悅。

爸媽還可以這樣做

大腦是個動態的複雜系統，「過去」雖然可以形塑我們，幸好現在也能改變過去，走出不一樣的未來。既然透過省思有助改變現在的親子關係，那麼我們該如何做及做哪些省思呢？

1.第一步．你可以先思考這些問題

「與父母相處中，哪些狀況使我最快樂？」

「與父母相處中，哪些狀況使我最憤怒？」

「與父母相處中，哪些狀況使我最沮喪？」

「與父母相處中，哪些狀況使我最羞恥？」

「最美好的記憶有哪些？」

「最糟糕的記憶有哪些？」……

根據上述的省思，再進一步回想：

「父母都是如何回應我的快樂？」

「父母都是如何回應我的憤怒？」

「父母都是如何回應我的沮喪？」

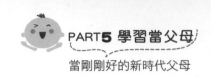

「父母都是如何回應我的羞恥？」……

2. 第二步．你能不能歸納出父母的教養型態？

父母對你的教養型態是偏向哪一種型態？輔導、威權、民主、放任、反對、體罰、虐待，還是每種都有一些？還是變來變去、不可預料？

在成長過程中你感受到的是：溫暖多還是恐懼、害怕多？接納多還是拒絕多？他們讓你感到安全嗎？他們放手讓你探索嗎？

3. 第三步．你能不能想出父母與你的相處模式？

★ 你與父母的關係是否親密和諧？還是緊張或是疏離？

★ 這些關係是源自於哪些過去的相處模式？

★ 這些相處模式在哪些地方影響了你？

4. 第四步．再思考一下你自己所受的影響？

★你想不想改變你現在的教養型態？

★你希望你的家庭關係是一種什麼狀態？

★這種狀態與你的原生家庭有何差異？

★你覺得該如何改變這種差異性？

5. 第五步．省思及跳脫，找回生命的養分

在整個回憶與思考的過程中，你可以自行做分析，或者找配偶、好友討論，更可以求助心理師。這種分析接近學者瑪莉．緬因（Mary Main）所說的成人依附關係面談，藉以深入認識自己。不過，這種過程並非一蹴可幾，而且有時會因遇到的問題不同而須重返這趟心路歷程。科學家也說，許多人在這種省思中，不但跳脫過去的反應模式，還能找到自己生命中的養分，編寫出自己獨一無二的人生故事。

情緒教養重點

- 父母本身成長時期的家庭互動，都可能會在大腦刻印出未來親子的互動模式。
- 改變留存在大腦中的固定模式，有賴大人們的省思。
- 深入思考原生家庭的互動模式，就是一場心靈時光之旅。
- 由過往描繪出自己的人生故事，可更加了解自己。
- 深入了解影響自己的運作模式才能真正改變它。

教養叮嚀 發現了嗎？父母深度地瞭解自己，才能真正蛻變，孩子方能受益。

夠好就好父母學
你也是壓力過大的父母嗎？

案例

美欣是很有計畫的女性，人生許多大事好像都在她的掌握之中。許多同學還在與虛無飄渺的大學戀情揮空拳時，她已經訂婚了。接著，就業結婚也都是照表操課，獨獨生孩子這件事，就是無法按計劃來。

還好不孕症門診到處都有，天下無難事，堅持到底、不放棄正是美欣的強項。就這樣經歷了許多針藥治療及手術室進出，即使數次因腹水蓄積、痛苦不堪，終究如願的懷了寶寶。

在生產前，美欣就發揮了她求學時的精神：上課前預習（參加大大小小的媽媽教室），實習時認真（按時上拉梅茲課程），家中也佈滿了各種育兒書籍，在孩子來到之前，她已經摩拳擦掌，準備好大展身手。

當過媽的都知道，世界上最難商量的就是小嬰兒。管你天明夜黑，要哭就哭；管你掏心掏肺，要吐就吐、要拉就拉。美欣說，她幾乎有一年的時間都沒能好好睡上一覺。

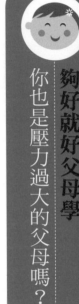

百家爭鳴的育兒書籍，有些建議不要孩子一哭就抱，不然媽媽就變成孩子的奴隸；這還不打緊，將來孩子可能還會變成沒人管得動的小霸王！有些書上則強調，這個階段只有無條件的迎合，才能使孩子感到世界是值得信任的。美欣每天就在各路理論中與自己的意志力奮戰，不眠不休。

兒子霖霖也在這樣的教養下日漸成長，即使跌跌撞撞，還是讓美欣感到很欣慰。只是因為美欣「輸不起」的個性，使得她在百般調教之餘，經常會緊張兮兮、壓力山大，深怕遺漏什麼東西沒有教。

說起來美欣真是偉大的媽媽，可也就因這種唯恐自己不夠好的壓力，逼得她喘不過氣來，甚至懷疑自己有沒有能力再養一個孩子。像美欣這樣的媽媽，在我多年與父母閒聊的經驗裡，比例已有愈來愈高的趨勢。

懂得放手的父母，孩子才能發展出自我

現代父母普遍陷入高度焦慮，因為怕孩子輸在起跑點，父母們從出生前就擬定作戰計畫，希望能善盡家長的職責。此外，全球化的結果，使得家長們也在東西方教養價值中焦慮：究竟

父母是孩子的領航者，還是應讓孩子順性發展？究竟要參與多少才剛好？父母的權威是必要的，還是該廢棄的老調？難怪父母們越來越惶惶不安。

其實每個家庭都有自己的價值體系，沒有絕對的對錯。有些注重孩子知識的學習；有些則認為只要孩子快樂，讀書不是重點。話雖如此，可是有一件很重要的事，大人們一定要謹記，那就是養育孩子的終極目標是協助他們成為獨立自主的成人，沒有父母希望孩子一直「被照料」而無法離巢自立。孩子幼小時，父母照顧起來既揪心又滿足，可是如果行年漸長依然無法獨立，那就是家庭的失敗、社會的負擔。

證據會說話 **媽媽要夠好，但不必完美**

小兒科醫師兼心理學家溫尼考特醫師（Donald Woods Winnicott）（一八九六～一九七一）提出「媽媽夠好就好」理論。他認為，嬰兒一開始從母親所提供無條件的愛中，產生自己是全能的感受；然而隨著時間的推移，他會逐漸了解自我與非自我的不同，從而開始有了客體關係（相對於嬰兒的主體感），再從母親提供一切的自我全能錯覺中破繭而出，以發展出真實的自我。

真實的自我與偽自我的差別在於，前者是父母提供環境與養分，順著孩子的本性長出各色花朵；後者則是父母依著自己的意思，把孩子雕塑成自己想要的盆景。前者父母是協助孩子完成自我，後者則是協助父母本身成就自我。

他的結論是，一個「夠好就好」的媽媽會針對孩子的每一個發展階段，提供孩子足夠的環境與愛；一個「不夠好媽媽」則根本弄不清楚孩子的發展需求以至於給的不夠，以及不肯跟孩子分離的「狀似完美的全能媽媽」。

換句話說，一個「夠好就好」的媽媽，可以在孩子的不同成長階段適切的回應，由初期的（出生階段）事事關注，到逐漸放手讓孩子成長，繼而發展出孩子的自我。至於看起來高度追求完美、凡事安排到底的媽媽，卻可能使得孩子的自我發展困難，可說是是另一類的「不夠好媽媽」，與什麼都不管的媽媽一樣不好。

到底什麼叫「夠好就好」？是「不要太好」的意思嗎？怎樣才是「剛剛好」？如果我們說光譜兩端的媽是不理媽與包辦媽，中間區塊的媽就趨近夠好媽（ＯＫ媽），這樣就容易了解了吧！夠好媽（ＯＫ媽）絕對不會不理孩子，但也絕對不會「過度關注」孩子。根據上述概念，我們可以簡易分出三種不同類型的媽媽（包括父親），提供父母一個基本概念。

不理媽

心中無小孩，比較常發生在較年輕的父母身上。父母本身就像孩子，也許經常玩電腦、手機，而忘卻孩子的需求。雖然嬰幼兒很容易激發母親的本能，但也有許多母親並未成熟到認清自己的角色；或也有許多家庭基本上就不夠健全，媽媽應是孩子信任的人，不理媽卻沒有提供安全的懷抱。

包辦媽

這種媽媽有日漸增多的傾向，證據是師長口中的直升機父母、恐龍父母愈來愈多，所以媽寶數目也持續上升。包辦媽的特色是，希望自己完美，更希望孩子完美，有點像訂做一個「他」——即父母心中完美的孩子。因此自己有空便參加各種課程；也帶孩子趕場各種學習，因為太過聚焦未來的成果，而忽略生活中的點點滴滴。例如，來不及吃飯，就在車上吃，以便趕往下一場；孩子沒時間打點自己也沒關係，媽媽全部包辦！在這當中，孩子也許逐漸沒有自我，也許開始反叛，原本媽媽應是孩子獨立自主的推手，包辦媽卻成為製造痛苦的人。

夠好媽（OK媽）

撇開上述兩種極端的媽媽，剩下的就是你我這些「常態媽」了。但是常態媽要趨向「夠好媽」應有健康的心態：

★孩子是獨一無二的個體，不是完成我夢想的工具。

★我不會是完美的父母，孩子也不必成為完美的人，完美是不存在的。

★身為父母，我有教與養的責任，而不是製片人、經紀人或是老闆。

★教養過程中犯錯是正常的，如果我學會了更好的方法，我會盡力做。

★適度的挫折是孩子活在真實世界中必須學習與經歷的過程。

爸媽還可以這樣做

養育孩子對父母與孩子應該是雙贏：孩子被養育成快樂而獨立的人，而身為「大人」的我們也在這當中變化成更好的自己。一個不懂孩子的媽媽或者是一個過度雕琢孩子的媽媽，都無法讓孩子活出自己。

1.成為「OK媽」不要做「不理媽」或「包辦媽」

像前述美欣的例子，媽媽其實可以減少事事都參與，讓孩子自己決定遊戲怎麼玩、故事怎麼說，孩子便能在其中自行探索，母子也可以有時間交換心得。無須事事都安排妥當，多聽聽孩子的想法、多觀察孩子的反應，才能享受親子共處的美妙時光。強求自己成為100分爸媽就與要求小孩每次都考100分一樣不可能，能做到70～80分就要告訴自己，你很棒；其實一個不完美的父母，也正給予孩子一個犯錯可以改正的示範。養育孩子其實是給父母與孩子雙方共同成長的機會，身為大人的我們，也在這當中，變化成更好的自己。

2.常自問「我這樣做會幫助孩子獨立自主嗎？」

夠好就好的剛剛好媽媽界線其實十分模糊。一個可以參考的原則是，經常自問：「我這樣做會幫助孩子獨立自主嗎？」也許經此一問，你就會改變做法，選擇讓孩子幫忙收拾碗筷，而不是急著帶他參加才藝班；教他收拾自己的書包，而不是催促他去練鋼琴；仔細溝通為什麼數學成績不理想，而不是急著找家教。有些事真的是「孩子自己的事」，而不是「家長的事」，別把自己搞得累癱了！

3. 尊重孩子終將長成自己的樣子

回到前面的案例。美欣熟知依附理論，也知道一個安全型依附是我們能給孩子最好的人生禮物，但是千萬別以為「有求必應」或「規畫小孩」或者「犧牲自我」也是其中的一部分。唯有逐漸淡出孩子的人生，他們才有獨立自主的可能；也唯有這樣，他們才能成長得比父母更茁壯。孩子需要父母的愛與關懷，其中一種愛的表現是尊重他們終將長成自己的樣子。父母提供花床、陽光與水，也要修剪壞掉的枝葉，關心他們有沒有病蟲害，但是不必每天手持剪刀，把他們修剪成「盆栽」，你幾時看過盆栽長成大樹？

情緒教養重點

- 孩子是獨一無二的個體，不是完成我夢想的工具。
- 我不會是完美的父母，孩子也不必成為完美的人，完美是不存在的。
- 身為父母，我有教與養的責任，我不是製片人、經紀人，也不是老闆。
- 教養過程中犯錯是正常的，如果我學會了更好的方法，我會盡力做。
- 適度的挫折是孩子活在真實世界中必須學習與經歷的過程。

教養叮嚀 發現了嗎？懂得放手對親子雙方都好、都輕鬆！下回你覺得疲累不堪時，不妨問問自己：「是我做太多了嗎？」

正向情緒教養

日日都是學習好時機

案例

「上完教養課，看完教養書，腦袋還是一片空白？」美珍哀怨道。

「是啊！從知道到做到，果真是世界上最遠的距離。」艾琳點頭同意。

許多家長在聚會聊天時談到，即使知道情緒教養知識，但是當面對孩子的哭鬧暴走，不僅管不住自己的嘴巴、改變不了負面語言，有時甚至連行為舉止也控制不住。

「能不能告訴我，怎麼樣才能把情緒教養的概念落實於生活？我需要實際做法！」

「是否可設計有趣的情緒教養活動，讓我在平靜的親子共處及學習時刻裡應用呢？我無法挪出多餘的用腦空間苦思情緒教養該怎麼在生活落實啊！」很多家長哀鳴著。

這些心聲如實反映家長的無奈與焦慮。的確，照顧嬰幼兒的飲食起居，加上家務的操勞，如果還要自己設計「活動教案」，媽媽有八隻章魚手也難以招架。但是，如果有一些「起手式」可用，家長一定很快可以舉一反三，變化出令人驚豔的各種活動。

情緒教養愈小開始，父母的掌控權愈高

嬰幼兒期是父母親最佳的情緒教養操兵演練期！因為嬰幼兒階段的親子關係相對被動，家長的領導角色很明確，是最容易介入的時機。如果在孩子長大後遇到情緒問題才想到情緒教育，多半已經失去主場調度權，介入的困難度提高很多，更遑論青少年期了。

在嬰幼兒階段落實情緒教養，是情緒調節力的關鍵。但是如果成為父母之前缺乏省思，那麼從孩子交到手中的那一刻起，會很容易就啟動「因循模式」。大家不是常說：「我是當了父母之後，才開始學習怎麼當父母的。」在手忙腳亂的育兒生活中，怎麼學？最本能的方法就是「有樣學樣」，而這個「樣」，無論你承不承認，其最大本源就是你的父母。

美國華盛頓大學的約翰．葛特曼教授將父母的情緒教養風格分為四類：

1. 情緒淡化型父母：

這類型的父母占比相當高，他們充滿善意，只是方法不對。他們希望孩子的情緒很快消失不見，因此總是試圖轉移注意力，而非察覺及調節情緒。例如說出：「不要哭了！我們去吃蛋

糕。」這類對話，而非選擇面對問題。

2. 情緒反對型父母

這類型的父母會批評、指責，甚至禁止孩子的情緒反應，屬於連情緒也要規範的強勢父母。例如：「你是男生還哭，羞羞臉！」「要堅強，哭是弱者的表現！」

3. 情緒放任型父母

這一群家長全盤接納孩子情緒反應，甚至隨之起舞，且對行為表現沒有設限與指導。例如：「誰推你？哪一個？推回去啊！我去找她媽媽理論。」對於孩子的憤怒情緒沒有調節，也缺乏行為規範。

4. 情緒輔導型父母

這些父母對孩子的情緒反應很敏銳，能傾聽能回應，且對於伴隨情緒的失當行為也能耐心處理。

你有沒有發現，自己的情緒教養方式，竟然跟上一代歸在同一類？你有沒有在某些時刻中驚覺，自己重複著當年父母對你的教養或言行？你有沒有嚇一跳？還是你從不自覺？你可曾因為考試粗心責罵孩子，卻猛然一驚——怎麼忘卻當年多麼希望父母安慰自己已經懊惱自責的心呢？你可曾聽見孩子對你的抱怨，與當年你抱怨父母的詞句一模一樣？

我們的教養風格從何而來？研究顯示基因、氣質傾向，與社會文化都會型塑我們的教養風格，但最大影響因子來自上一代。幼兒時期的親子互動與成長期間的感情連結形成未來教養孩子的基礎。我們可能下意識模仿父母的教育方式，或刻意與父母教育方式相反，或者甚至從沒思考過其他教養方式。

如果你想要在達成教養目標的同時也能保有美好的親子關係，最佳的教養風格就是情緒教養，最棒的時間點是從嬰幼兒期開始！最好的結果往往呈現給有準備的人！所以請把握住嬰幼兒期的情緒教養成為情緒輔導型父母。

如何把握呢？具備情緒教養知識是絕對的前提，然後就是練習了！缺乏練習，再多的聽講或閱讀都是枉然。日日都是情緒教養好時機，時時都有練習好方法。下面將提供家長一些日常活動與遊戲做參考，聰慧的你，一定能衍生一些更棒的好主意。

證據會說話 家庭環境對情緒調節力深具影響

嬰幼兒期的情緒教養目標是什麼呢？答案是提升「自我調節力」（self emotional regulation）。一個在羅馬尼亞孤兒院的研究報告顯示，被隨機領養到正常家庭的實驗組，比被留在孤兒院的對照組展現出較佳的情緒調節力；並且如果在兩歲以前就被領養的話，其情緒調節力與出生在健全家庭的孩子無異。

此外，針對領養時間不同所做的核磁共振攝影掃描還發現，較晚被領養的孩子比早一點被領養的孩子，情緒腦的生氣中樞「杏仁核」會比較大。這意味著，越晚進入正常環境的孤兒，生氣情緒容易被激發起來，自我調節能力當然下降，家庭環境對情緒調節力的影響在此得到印證。

另外一個實驗顯示，父母對孩子的情緒回應是否敏銳影響巨大，不被理會哭泣的對照組嬰兒，與迅速被安撫的實驗組嬰兒比起來，偏向處於情緒挫折狀態；因此能調節自己情緒的可能性就變小了。

父母如果能將情緒教育放在心上，在平日的言行舉止中，一點一滴地放入情緒元素，孩子的自我調節力會較良好。

爸媽還可以這樣做

1. 在平日的對話中加強情緒詞語，為孩子的情緒察覺力做準備

父母可以在每一個對談中有意識地加入情緒詞彙，這就是最好的基本功！

例如：爸爸回家了

（原本）媽媽本來說：「寶貝，爸爸回來了！」

（強化）加強情緒詞語的說法是：「寶貝，爸爸回來了！好高興啊！等一下可以一起玩！」

* * * * * * * *

例如：吃冰淇淋

（原本）媽媽本來說：「吃冰淇淋囉！」

（強化）加強情緒詞語的說法是：「吃冰淇淋囉！興奮嗎？口水快要流出來了！」

* * * * * * *

例如：離開遊樂場要回家

（原本）媽媽本來說：「回家了！明天再來玩！」

（強化）加強情緒詞語的說法是：「回家了！有點捨不得回去呢！明天再來玩！」

像這樣一點一點把情緒詞語「置入性行銷」，孩子們開始能體會當下的情緒；這種「抓得住」情緒的能力，相當於給孩子情緒指南針，比較不會在情緒來襲時感覺無法控制。

對自己的感受有了初步的辨識力後，父母還可以再細分情緒的強度，例如：高興、開心的情緒可以變成「心花怒放」、「手舞足蹈」、「笑得合不攏嘴」，或是「喜悅滿足」、「愉快」等等。不滿、捨不得的情緒也可以變成「不甘願」、「依依不捨」、「孤單寂寞」。

2.在平常的遊戲中加入情緒元素，為孩子的情緒調節力做準備

有許多家庭中常玩的遊戲，只要加入情緒教育的概念就很有用，不必特別設計遊戲。

例如：騎在爸爸背上

（原本）本來的遊戲是把爸爸當馬騎。

（強化）加入情緒元素後：爸爸可以作勢要把孩子搖下來，孩子尖叫興奮時，爸爸可以問：「恐怖嗎？快要嚇破膽了吧！害怕了嗎？」孩子於是可以連結害怕恐懼的情緒，並在遊戲當中釋放。

* * * * * * *

例如：捉迷藏

（原本）本來的遊戲是找出躲起來的人。

（強化）加入情緒元素後：媽媽可以在找到孩子的時候，緊緊的抱住他：「找你找好久，我好想念你，這是你上幼兒園的感受吧！媽媽好愛你喔！」於是孩子明白自己想念媽媽的情緒是正常的，媽媽一直示愛，也讓他更有安全感。

* * * * * * *

例如：看醫生的遊戲

（原本）本來的遊戲是孩子扮演醫生，父母扮演病人。

（強化）加入情緒元素之後：父母可以演出拒絕看醫生的孩子：「不要！不要！我不要看醫生！」孩子醫生會怎麼做呢？也許他會很勇敢地說：「不要怕，不會痛。」

這時父母可以說出害怕的情緒狀態：「看醫生時我會不舒服、會痛，而且可能會打針，我會害怕。」在一來一往的扮演遊戲中，孩子明白害怕是一種正常的情緒，但是表現的方式可能不同；藉由對情勢做出合理的判斷，害怕的情緒可能會減輕。

在日常遊戲中有意識地加入情緒元素，好玩又實用。

3.在平日的閱讀中加入情緒元素，為孩子可能遇到的狀況做準備

一起閱讀故事書時，一定要涵蓋情緒繪本；尤其是你已經預知未來可能發生的情緒爆棚狀況。像是：上幼兒園前的分離焦慮、就醫前的恐懼、手足紛爭與敵意攻擊等等。

這些特殊狀況，都有繪本故事可閱讀，是最方便的教養工具；在日常的閱讀中有意識地加入情緒元素，可以增加察覺情緒的能力。即使不是情緒繪本，在耳熟能詳的故事中也有許多情緒事件。只要父母把情緒教養放在心上，情緒教育素材俯拾皆是。

例如：龜兔賽跑

（原本）本來是一個勵志的故事，現在可以加上情緒元素。

（強化）烏龜在慢慢爬的過程中可能有什麼心情？兔子發現因為睡過頭而輸的時候又是什麼心情？

＊　＊　＊　＊　＊　＊　＊

例如：塞翁失馬

（原本）本來是一個焉知非福的故事，現在可以加上情緒元素。

（強化）為什麼塞翁的情緒總是跟村民不一樣？這來自塞翁的「轉念」，使得他的情緒跟別人不一樣。他沒有因為馬走失而傷心，也沒有因兒子斷腿而痛苦。可以藉此與孩子討論想法可能影響情緒，繼而協助孩子未來能在負向的情緒中尋找出口。

4. 情緒啟蒙遊戲

還有多餘的時間與精力，還可以設計一些情緒啟蒙遊戲。

★製作情緒臉譜

父母可以依據孩子的年齡，由家長繪製情緒臉譜或是由孩子自己來。協助孩子留意情緒的臉部表情。例如：哭與笑時，眉毛、眼睛、嘴角會有什麼不同？緊張、吃驚、害怕時又是什麼樣的臉部表情？孩子將在這些活動中，提升察覺他人情緒的能力。

圓圓的紙盤是很好的情緒臉譜工具，還可以當成面具做角色扮演呢！

★情緒輪盤

如果孩子對於情緒的察覺與表達還不成熟，情緒輪盤會是一個好辦法。家長可以利用紙板或光碟片做出像時鐘一樣的輪盤，也有一支指針。當孩子告訴你事情經過時，家長可以請他在輪盤上指出與自己感受相當的情緒（年紀大的孩子可以在臉譜旁加上文字），協助他開始辨識。

或者利用小白板畫出臉譜也可以，還可以一直增加新的情緒，越變越複雜喔！

★猜表情

家庭組隊比賽吧！就像比手畫腳遊戲一樣，誰可以猜對最多隊友的情緒謎底就得勝！這些謎底將隨孩子的年齡越來越複雜。

★情緒樹

孩子長大些了！你可以製作一棵紙聖誕樹或是買一棵小的塑膠樹，請家庭成員將本周比較強烈的情緒寫下來（或家長代寫）或畫下來，吊掛在情緒樹上，在周末時與全家分享。例如你寫上「坐立難安」，在分享時說明自己因為等待驗血報告而焦慮不已。

在這樣的活動裡，家長可以了解孩子的情緒變化，協助他們解決問題；另一方面，家長藉著說出自己的感受，示範成熟的調節情緒辦法。

情緒樹也可以改成情緒罐或是情緒海報等等。

國家圖書館出版品預行編目 (CIP) 資料

小寶貝的情緒教養 / 廖壐璸著 . -- 初版 . -- 臺北市 : 新手父母，城邦文化出版 : 家庭傳媒城邦分公司發行，2018.07

面； 公分 . -- (好家教 ; SH0163)

ISBN 978-986-5752-70-5(平裝)

1. 親職教育 2. 情緒教育

528.2 107009242

小寶貝的情緒教養 暢銷增訂版

作　　者／廖璽璸
主　　編／陳雯琪
選　　書／林小鈴
特約編輯／陳素華

行銷經理／王維君
業務經理／羅越華
總 編 輯／林小鈴
發 行 人／何飛鵬
出　　版／新手父母出版
城邦文化事業股份有限公司
台北市南港區昆陽街 16 號 4 樓
電話：(02) 2500-7008　傳真：(02) 2502-7676
E-mail：bwp.service@cite.com.tw
發　　行／英屬蓋曼群島商家庭傳媒股份有限公司城邦分公司
台北市南港區昆陽街 16 號 8 樓
讀者服務專線：02-2500-7718；02-2500-7719
24 小時傳真服務：02-2500-1900；02-2500-1991
讀者服務信箱 E-mail：service@readingclub.com.tw
劃撥帳號：19863813
戶名：書虫股份有限公司

香港發行所／城邦（香港）出版集團有限公司
香港九龍土瓜灣土瓜灣道 86 號順聯工業大廈 6 樓 A 室
電話：(852) 2508-6231　傳真：(852) 2578-9337
E-mail：hkcite@biznetvigator.com
馬新發行所／城邦（馬新）出版集團 Cite(M) Sdn. Bhd. (458372 U)
11, Jalan 30D/146, Desa Tasik,
Sungai Besi, 57000 Kuala Lumpur, Malaysia.
電話：(603) 90563833　傳真：(603) 90562833

封面、版面設計／徐思文
內頁排版、插圖／徐思文
製版印刷／卡樂彩色製版印刷有限公司

2018 年 07 月 05 日 初版 1 刷　2024 年 09 月 06 日 增訂 3 刷
Printed in Taiwan
定價 380 元
ISBN 978-986-5752-70-5　EAN4717702111595